Alexander Strauch

I0149478

AIME ou MEURS

Christ appelle l'Église à se réveiller
Apocalypse 2.4

ÉDITIONS IMPACT
230, rue Lupien
Trois-Rivières (Québec) G8T 6W4
CANADA

Édition originale en anglais :

LOVE OR DIE
Christ's Wake-up Call to the Church
Copyright © 2008 par Alexander Stauch
Publié par Lewis and Roth Publishers

Traduit par Marie-Andrée Gagnon

© 2010 Publications chrétiennes inc.
230, rue Lupien
Trois-Rivières (Québec) G8T 6W4

Tous droits réservés

« Éditions IMPACT » est une marque déposée de
« Publications chrétiennes inc. »

Dépôt légal - 2ᵉ trimestre 2010

ISBN : 978-2-89082-127-9

Dépôt légal :   Bibliothèque nationale du Québec
Bibliothèque nationale du Canada

Table des matières

Introduction

Recherchez l'amour.

1 Co 14.1*a*

*A*u début de ma vie chrétienne, ma première découverte des principes bibliques relatifs à l'amour s'est révélée une expérience négative. J'ai été étonné de voir de vrais chrétiens se quereller, se mettre en colère et s'éloigner les uns des autres. Pour empirer les choses, les conflits dont j'ai été témoin ne relevaient pas des questions théologiques à caractère noble et éternel que soulève l'Évangile, mais plutôt de préférences personnelles et de traditions ecclésiastiques. Né de nouveau depuis peu, je trouvais décourageantes les querelles entre croyants pieux et plus âgés.

Pour surmonter mon désillusionnement, je me suis mis à chercher dans le Nouveau Testament des réponses à mes interrogations quant à ce qui compte réellement dans la vie de l'Église locale. Quelles sont les priorités et les attitudes que tout chrétien devrait adopter ? Comment est-ce possible aux vrais croyants de différer d'opinion sans pour autant s'entredétruire (Ga 5.15) ? Ce que j'ai découvert, entre autres choses, c'est ce que j'appelais à l'époque le caractère moral (ou semblable à Christ) de l'Église. Cette dernière doit constituer une famille de frères et de sœurs qui se caractérise par l'humilité, la douceur, la paix, le pardon, la patience, la foi, l'espérance et l'amour, dont ce dernier est la vertu suprême, comme les paroles de Paul l'indiquent : « Mais par-dessus toutes ces choses, revêtez-vous de l'amour, qui est le lien de la perfection » (Col 3.14).

Plus que tout autre passage de la Bible, le chapitre 13 de 1 Corinthiens m'a enseigné qu'il existe « une voie par excellence » en matière de mode de pensée et de conduite, et que la plus grande connaissance théologique, les dons spirituels les plus remarquables et les services les plus sacrificiels ne servent à rien – sont même dommageables – s'ils ne sont pas motivés et teintés par un esprit d'amour chrétien. Mon étude biblique m'a permis de comprendre qu'il est primordial que tout ce que l'on fait et dit soit dicté par l'amour.

La découverte marquante suivante que j'ai faite par rapport à l'amour chrétien s'est produite plusieurs années après, lorsqu'un ami m'a offert une biographie de Robert Cleaver Chapman. R. C. Chapman s'était fait connaître en menant une vie empreinte d'amour, et cela, sans compromettre les vérités scripturaires. Sa vie d'amour a inspiré et exhorté beaucoup d'enfants de Dieu à en faire autant. Sa biographie a confirmé les conclusions que j'avais tirées de mon étude biblique : l'amour est l'ingrédient essentiel de tout ce que le chrétien fait dans sa vie et son ministère.

Ma troisième découverte mémorable par rapport à l'amour s'est produite pendant que j'étudiais l'épître aux Éphésiens en me servant des commentaires prisés de D. Martyn Lloyd-Jones, qui avait été prédicateur de la chapelle Westminster à Londres. Tandis que j'étudiais Éphésiens 3.18,19, j'ai pris conscience de l'amour que Christ avait pour moi, ce qui a eu pour effet de changer ma vie. La prière de Paul, dans laquelle il demande que Dieu nous aide à connaître intellectuellement, personnellement et par expérience l'amour inestimable que Christ porte à son peuple, m'a fortement influencé :

> À cause de cela, je fléchis les genoux devant le Père [...] afin qu'il vous donne [...] d'être puissamment fortifiés par son Esprit dans l'homme intérieur [...] en sorte que vous puissiez comprendre avec tous les saints quelle est la largeur, la longueur, la profondeur et la hauteur, et connaître l'amour de Christ, qui surpasse toute connaissance (Ép 3.14-19*a*).

Grâce à ces découvertes, je me suis mis à m'intéresser à l'amour biblique, un sujet qui n'a cessé de captiver mon attention depuis et qui m'a poussé à écrire plusieurs livres portant sur l'amour, *surtout lorsqu'il s'applique à la formation de leaders d'Église aimants et à la création d'une congrégation aimante.* (Pour obtenir la liste de ces livres, voir l'annexe A.) Bien que je ne cesse de m'intéresser de plus en plus à ce sujet passionnant, je ne me sens jamais à la hauteur lorsqu'il s'agit d'écrire au sujet du véritable amour chrétien. Contrairement au fait d'écrire sur d'autres sujets bibliques, le fait d'écrire au sujet de l'amour ne cesse d'exposer à l'auteur son incapacité d'aimer Dieu et son prochain comme tout chrétien le devrait. Il s'agit d'un sujet très culpabilisant qui touche à toutes les dimensions de la vie. Je prie pour que mes efforts conscientisent les chrétiens à la nécessité de faire en sorte que leur vie privée et que leurs Églises locales se reconnaissent à l'amour qu'ils ont pour Jésus-Christ.

Première partie

Le problème de l'amour perdu

[Tu] as abandonné ton premier amour.
Ap 2.4*b*

*S*ans avoir à sortir de mon bureau à domicile, je peux voir presque n'importe quelle église dans le monde grâce à l'imagerie satellitaire et aux logiciels conçus de manière à trouver presque n'importe quelle adresse de la planète. Si, par exemple, je désire voir une certaine église en Afrique du Sud, je peux ouvrir une application logicielle et une image spectaculaire de notre planète bleue et verte tournant sur elle-même dans l'espace apparaît à mon écran d'ordinateur. J'écris *Afrique*, et la planète tournoyante se positionne sur l'immense continent africain. J'écris ensuite *Afrique du Sud*, et l'auteur fait un zoom sur ce pays. J'écris *Barberton* (une ville située à l'ouest du Swaziland), et en quelques secondes j'ai toute la ville à l'écran. Pour terminer, j'écris l'adresse de l'église. En moins de deux, j'ai sous les yeux le toit d'une église située à 15 680 km de chez moi.

Aussi puissante et étonnante que puisse être cette technologie, elle ne permet toutefois pas de voir à l'intérieur de l'église. Je n'en vois que le toit. Je ne peux ni voir, ni entendre le peuple de Dieu l'adorer, pas plus que je ne peux regarder dans le cœur et l'esprit des gens qui s'y rassemblent. Cependant, il y a quelqu'un qui est capable de voir à la perfection dans le cœur de tous les hommes. Il perçoit l'esprit collectif d'une Église. Non seulement peut-il voir dans tous les bâtiments et tous les cœurs, mais il peut aussi marcher parmi les Églises de la terre sans se faire repérer ! Et tout cela, il le fait sans l'aide de nos faibles ordinateurs, caméras et imageries satellitaires.

> **Trop souvent, nous nous préoccupons davantage des stratégies de croissance de l'Église ou des dernières tendances que de l'avis de Jésus-Christ.**

En fait, Christ marche parmi les Églises depuis deux mille ans. Vers la fin du Ier siècle, Jésus-Christ a posé son regard sur sept Églises en particulier. Il ne s'est pas contenté de regarder la toiture de leur édifice. Il a pris soin d'examiner l'esprit collectif de chacune d'elles et de sonder l'esprit et le cœur de chaque croyant qui la composait. Ensuite, dans le dernier livre de la Bible, l'Apocalypse, Christ a révélé à l'apôtre Jean son évaluation de chacune de ces sept Églises.

Imaginez que Christ pose son regard sur votre Église, marche au milieu d'elle et vous en révèle son évaluation. L'expérience s'avérerait pour le moins troublante ! Toutefois, d'une certaine manière, Christ l'a déjà fait. Par le truchement des épîtres aux sept Églises d'Asie Mineure (la Turquie actuelle), il aborde les problèmes et les victoires, les forces et les faiblesses que les Églises locales des temps modernes ont en commun.

Par conséquent, l'évaluation que Christ a réalisée de ces sept Églises devrait nous préoccuper au plus haut point. Son évaluation est parfaite. On ne peut le duper. Ses yeux sont « comme une flamme de feu » (Ap 1.14) qui pénètre les coins les plus reculés du cœur. Rien ne peut échapper à son regard scrutateur. Sans son évaluation, nous sommes facilement trompés et aveugles à nos erreurs. Trop souvent, nous nous préoccupons davantage des stratégies de croissance de l'Église ou des dernières tendances que de l'avis de Jésus-Christ. Par contre, comme John Stott nous le rappelle, ce qui compte en définitive, c'est l'évaluation que Christ fait d'une Église. Christ est le seul « fondateur, chef et juge de l'Église[1] ».

Par contre, même si l'évaluation que Christ a réalisée de chacune des sept Églises d'Asie Mineure en a beaucoup à nous enseigner, nous concentrerons la présente étude sur son évaluation de l'Église d'Éphèse. Elle aborde la question de l'amour, plus particulièrement le problème de l'amour qui s'est refroidi. Cette question est de la plus haute importance, car l'amour est essentiel à la survie des Églises locales d'aujourd'hui. L'évaluation de Christ est contenue dans le passage suivant :

> Écris à l'ange de l'Église d'Éphèse : Voici ce que dit celui qui tient les sept étoiles dans sa main droite, celui qui marche au milieu des sept chandeliers d'or : Je connais tes œuvres, ton travail, et ta persévérance. Je sais que tu ne peux supporter les méchants ; que tu as éprouvé ceux qui se disent apôtres et qui ne le sont pas, et que tu les as trouvés menteurs ; que tu as de la persévérance, que tu as souffert à cause de mon nom, et que tu ne t'es point lassé. Mais ce que j'ai contre toi, c'est que tu as abandonné ton premier amour. Souviens-toi donc d'où tu es tombé, repens-toi, et pratique tes premières œuvres ; sinon, je viendrai à toi, et j'ôterai ton chandelier de sa place, à moins que tu ne te repentes. Tu as pourtant ceci, c'est que tu hais les œuvres des Nicolaïtes, œuvres que je hais aussi (Ap 2.1-6).

---

1. John R. W. Stott, *What Christ Thinks of the Church : An Exposition of Revelation 1-3* (Grand Rapids : Baker, 2003), p. 7.

.

Chapitre un

Les éloges et
les reproches de Christ

Il n'était pas facile de servir de chandelier pour Christ dans une ville ténébreuse et païenne comme Éphèse. Le commentateur R. H. Charles affirme qu'« Éphèse était [...] le foyer de toutes les sortes de cultes et de superstitions[2] ». Le temple païen d'Artémis (la Diane des Romains) dominait la ville et comptait parmi les Sept Merveilles du monde de l'Antiquité. Le culte rendu à l'empereur (le culte impérial), que tous les citoyens étaient tenus de pratiquer, florissait à Éphèse. De plus, cette ville était un lieu de commerce prospère et une ville portuaire immorale.

Sachant tout cela, le Seigneur reconnaît dans sa grâce le « travail » et la « persévérance » des croyants d'Éphèse. Il fait l'éloge de leur Église parce qu'elle ne tolère pas ceux qui se disent chrétiens, tout en justifiant leur style de vie immoral :

---

2. R. H. Charles, *The Revelation of St. John*, ICC (New York : Scribner, 1920), vol. 1, p. 48.

« Je sais que tu ne peux supporter les méchants ». Jésus fait également leur éloge parce qu'ils « *[ont]* éprouvé ceux qui se disent apôtres et qui ne le sont pas ». Comme les croyants de Bérée, les Éphésiens « examinaient chaque jour les Écritures, pour voir si ce qu'on leur disait était exact » (Ac 17.11). Lorsque de présumés apôtres sont venus y prêcher, l'Église a testé leur revendication d'autorité apostolique et en a découvert la fausseté. Par conséquent,

> **L'Église d'Éphèse méritait bien des éloges, et nous devrions priser ses qualités exemplaires.**

l'Église s'est rendu compte que ces enseignants n'étaient que des émissaires de Satan qui s'ignoraient – et non des représentants de Christ – et les a rejetés, eux et leurs enseignements. Pour ce faire, il a d'ailleurs fallu aux croyants d'Éphèse bien du courage et de la détermination.

Nous savons donc que l'Église d'Éphèse connaissait la saine doctrine. Elle aimait la vérité et, comme c'était le cas de Jésus, elle haïssait « les œuvres des Nicolaïtes », une secte chrétienne immorale et hérétique (Ap 2.6). Vous remarquerez que Jésus fait l'éloge des croyants d'Éphèse parce qu'ils ont en horreur les pratiques et les enseignements tordus de cette secte propageant l'erreur. Leur haine des œuvres ténébreuses démontre leur amour pour Christ et la Parole de Dieu. Les Églises d'aujourd'hui doivent comprendre que la haine du mal et des mensonges n'entre pas en conflit avec l'amour, mais fait partie intégrante du véritable amour chrétien (1 Co 13.6). L'amour a « le mal » en horreur et s'attache « au bien » (Ro 12.9). Les croyants d'Éphèse étaient donc des exemples de vigilance en matière de théologie. Ils défendaient la vérité et aimaient l'Évangile. Ils ne souffraient aucun compromis par rapport aux principes bibliques et, pour cette raison, notre Seigneur en parle de manière très élogieuse.

Nous savons également que les croyants d'Éphèse avaient surmonté de grands conflits. Ils avaient tenu tête aux émissaires de Satan et avaient supporté beaucoup d'autres situations éprouvantes. Le Seigneur fait donc ici leur éloge, en disant : « *[Tu]* as de la persévérance [...] tu as souffert à cause de mon nom, et [...] tu ne t'es point lassé ». Quelle preuve de loyauté et de dévouement !

L'Église d'Éphèse méritait bien des éloges, et nous devrions priser ses qualités exemplaires. Cette Église aurait pu écrire un manuel à succès au sujet d'un ministère d'Église réussi. Par contre, tout n'y tournait pas rond. Il y avait quelque chose qui clochait fondamentalement, et Jésus-Christ met ici le doigt précisément sur le problème : la perte de l'amour. À la lumière de toutes les qualités louables de cette Église, nous pourrions croire que Christ se plaint pour peu de chose, mais à son avis cette Église était « *[tombée]* ». Elle avait abandonné l'amour qui l'avait déjà caractérisée. Pour celui « qui nous aime, qui nous a délivrés de nos péchés par son sang » (Ap 1.5), la chose est grave. C'est pourquoi le Seigneur dit ici : « Mais ce que j'ai contre toi ».

Le manque d'amour

Le reproche que le Seigneur adresse à l'Église d'Éphèse est le suivant : « tu as abandonné ton premier amour ». Cette traduction littérale met l'accent sur l'adjectif *premier*, si bien que l'amour que les croyants d'Éphèse ont abandonné est celui qui les caractérisait au début de leur vie collective en tant qu'Église.

Jésus ne dit pas ici : « tu es dépourvu d'amour ». Il dit plutôt : « tu as abandonné l'amour que tu avais au début ». Leur amour n'était plus ce qu'il avait été. Même s'ils avaient encore une certaine mesure d'amour, puisque la plupart d'entre eux étaient de véritables chrétiens et qu'ils avaient « souffert à cause de *[son]* nom » (Ap 2.3), ils ne possédaient plus le genre d'amour qu'ils avaient durant les premières années d'existence de leur Église. Ils aimaient encore le Seigneur, mais plus comme au début. Ils s'aimaient encore les uns les autres, mais plus comme avant. Il était un temps où leur amour pour Christ et les uns pour les autres motivait tout ce qu'ils faisaient. Cet amour ajoutait joie, créativité, fraîcheur, spontanéité et énergie à leur vie et à leur travail. Toutefois, leur source d'énergie était maintenant presque à sec. Leur travail était devenu quelconque, machinal et routinier, et leur vie n'était plus que suffisance. Au lieu de vivre un amour abondant, l'amour leur faisait défaut. Au lieu d'être motivées par un amour sincère, leurs œuvres étaient devenues machinales. Certaines de leurs « œuvres » qui découlaient de leur ancien amour avaient même disparu. Pour cette raison, Jésus les réprimande et les appelle ici à se remettre à pratiquer ces œuvres (Ap 2.5).

On ne mentionne pas la raison pour laquelle ils ont perdu leur amour. Le passage ne précise pas non plus s'il s'agit de l'amour pour Christ ou de l'amour pour les frères et sœurs dans la foi. Il vaut donc mieux croire que Jésus fait allusion à l'amour chrétien en général, qui inclut l'amour pour Dieu, l'amour pour les autres croyants de l'Église et l'amour pour les âmes perdues. Selon notre Seigneur, l'amour pour Dieu et l'amour pour notre prochain vont inséparablement de pair (Mc 12.29-31 ; Lu 10.27). Il est impossible d'aimer Dieu sans aimer son peuple ou d'aimer son peuple sans aimer Dieu (1 Jn 4.7 – 5.3).

Jésus emploie des mots à forte connotation dans le reproche qu'il adresse aux croyants d'Éphèse. En leur disant : « tu as abandonné » ou « rejeté[3] » l'amour que tu avais, il les en tient manifestement pour seuls responsables. Ils ne peuvent s'en prendre à personne d'autre qu'à eux-mêmes pour la perte de leur amour. Ils avaient profité de bons enseignements pendant plusieurs années, ils avaient eu accès à presque tout le Nouveau

---

3. *BDAG (Lexique grec-anglais)*, v. s., « *aphiêmi* », p. 156.

Testament et ils avaient bénéficié du pouvoir du Saint-Esprit agissant en eux. Rien d'étonnant à ce que Christ exprime ici le grand déplaisir que la situation dans l'Église d'Éphèse lui procure. C'est de leur faute s'ils ont perdu leur amour. Ils ont négligé de « *[se maintenir]* » dans l'amour de Dieu (Jud 21). Ils doivent maintenant faire face à cette réalité et accepter les critiques et les conseils de Christ.

Chapitre deux

Lorsqu'une Église perd son amour

Chaque Église locale a ses propres personnalité, identité, traits distinctifs, dons et atmosphère. Ces différences s'observent dans les diverses Églises du Nouveau Testament (Ac 17.11). Il y a toutefois une qualité enrichissante que tout croyant et toute Église devraient posséder, et cela, quelle que soit l'étendue de leurs dons et de leur personnalité ; cette qualité, c'est l'amour. La question que tout croyant et toute Église devraient se poser plus que toute autre est donc la suivante : « L'atmosphère de notre Église est-elle empreinte d'un esprit d'amour chrétien ? »

> *Il y a toutefois une qualité enrichissante que tout croyant et toute Église devraient posséder, et cela, quelle que soit l'étendue de leurs dons et de leur personnalité ; cette qualité, c'est l'amour.*

L'Église d'Éphèse n'était pas une nouvelle Église. C'était une Église bien fondée dans la saine doctrine et la foi. Chose certaine, les croyants d'Éphèse fréquentaient l'Église avec assiduité, ils connaissaient leur doctrine, ils célébraient la sainte Cène, ils rejetaient les faux enseignants, ils accomplissaient de bonnes œuvres, ils assumaient leurs responsabilités, ils vivaient dans la droiture, ils priaient et ils chantaient à Dieu, mais il leur manquait l'amour.

D. A. Carson, professeur à la Trinity Evangelical Divinity School, a écrit un article sur Apocalypse 2.4 intitulé « Une Église qui fait toutes les bonnes choses, mais... ».
Voici comment il décrit ce genre d'Église :

> On y proclame encore la vérité, mais en n'aimant plus passionnément celui qui est vérité. On y accomplit encore de bonnes œuvres, mais en n'agissant plus par amour, fraternité et compassion. On y défend la vérité et on y témoigne avec courage, mais en oubliant que l'amour est le témoignage par excellence de la vérité. Ce n'est pas tellement que leurs [des croyants d'Éphèse] vertus authentiques aient supplanté l'amour, mais qu'aucune bonne œuvre, aucune sagesse et aucun discernement des questions relatives à la discipline dans l'Église, à la persévérance en dépit des épreuves, à la haine du péché et à la saine doctrine ne sauraient compenser le manque d'amour[4].

Permettez-moi de vous illustrer le genre de manque d'amour qui offense si profondément notre Seigneur. Un jeune prédicateur et enseignant de la Bible très prisé alla prêcher dans une Église. C'était un bon prédicateur et son amour pour la Parole et le peuple de Dieu se ressentait. Au cours d'une période de prière précédant le service, il se joignit à quelques croyants pour demander à Dieu de s'adresser par son Esprit à

---

4. D. A. Carson, « A Church that Does All the Right Things, But... », *Christianity Today* (29 juin 1979), p. 30.

la congrégation, surtout aux non-croyants. Après le service, il se tint à la porte avant pour saluer chaque personne. De toute évidence, il aimait s'entretenir avec les gens. En fait, il fut la dernière personne à quitter l'église. Il se rendit ensuite chez la famille qui l'hébergeait et mangea avec d'autres personnes de l'Église. Il passa d'agréables moments à s'amuser, à fraterniser et à participer à des conversations édifiantes.

Quinze ans plus tard, le même prédicateur retourna dans la même Église pour y prêcher. Il apportait encore des prédications fidèles à la Parole, il défendait encore la saine doctrine, il étudiait encore avec assiduité, il avait encore un emploi du temps chargé et il saluait encore les gens avec gentillesse, mais quelque chose avait changé. Durant la période de prière précédant le service, il garda le silence. Après avoir prêché, il s'empressa de se rendre à la porte avant, mais se contenta d'échanger des plaisanteries superficielles avec les gens qu'il saluait. Il quitta l'Église en tout au plus quinze minutes. Il ne prenait plus le temps de manger avec des gens de l'Église, et il insistait pour séjourner à l'hôtel plutôt que chez quelqu'un.

Quelque chose avait changé dans la vie et le ministère de ce prédicateur. Bien qu'il n'y ait rien de répréhensible dans le fait de descendre à l'hôtel ou de réclamer des honoraires, dans ce cas-ci, ces faits indiquaient subtilement qu'un changement d'attitude s'était opéré. Il ne priait plus lorsque d'autres priaient. Il ne passait plus de temps en compagnie de frères et de sœurs comme par le passé. Il quittait l'église le plus rapidement possible. Même sa prédication semblait plus apprise que ressentie. Plusieurs d'entre ceux qui l'entendirent ne remarquèrent peut-être pas le changement, mais il n'échappa pas à d'autres. Quelle était la différence ? Il avait perdu l'amour qu'il avait antérieurement manifesté. À ce prédicateur, Jésus aurait dit : « Mais ce que j'ai contre toi, c'est que tu as abandonné ton premier amour. »

En quoi l'amour importe-t-il tant ?

Pourquoi la perte de l'amour est-elle aussi grave ? Pourquoi afflige-t-elle notre Seigneur aussi profondément ? Pourquoi sa menace de jugement divin est-elle si sévère ? Pourquoi est-ce une question de vie ou de mort pour une Église locale ? Christ et ceux qu'il a nommés apôtres nous donnent eux-mêmes les réponses à ces questions.

Premièrement, Jésus nous a enseigné que « le premier et le plus grand commandement » consiste à aimer Dieu complètement, totalement et sans réserve – de *tout* notre cœur, de *toute* notre âme et de *toute* notre pensée (Mt 22.37,38 ; Mc 12.28-34). L'amour pour Dieu est la somme de tous les commandements de Dieu et de tout service religieux. Il s'agit de la priorité du croyant. C'est pour cette raison que nous avons été créés. Rien dans la vie n'est plus juste, plus satisfaisant et plus gratifiant que d'aimer Dieu notre Créateur et Sauveur.

Deuxièmement, Jésus a déclaré que le commandement suivant est semblable au premier : « Tu aimeras ton prochain comme toi-même » (Mt 22.39). Jésus rend inséparables l'amour pour Dieu et l'amour pour notre prochain. Il a résumé l'essentiel de la religion véritable, de la vraie spiritualité intérieure et de toute conduite morale par le double commandement consistant à aimer Dieu et à aimer notre prochain. Voici comment il considère lui-même l'amour : « De ces deux commandements dépendent toute la loi et les prophètes » (Mt 22.40), et : « Il n'y a pas d'autre commandement plus grand que ceux-là » (Mc 12.31).

Ainsi donc, les disciples de Christ doivent *se distinguer non seulement par leur entière consécration à Dieu, mais aussi par leur service sacrificiel envers leur prochain*. Selon Jésus, cet amour pour notre prochain inclut l'amour pour nos ennemis, nos persécuteurs et les personnes déplaisantes (Mt 5.43-48). Avant de poursuivre votre lecture, assurez-vous d'avoir bien compris l'importance de ces deux commandements par rapport à la conduite de vie chrétienne à adopter.

Troisièmement, pour être de vrais disciples, nous devons renoncer à nous-mêmes et aimer Christ plus que tout : « Celui qui aime son père ou sa mère plus que moi n'est pas digne de moi, et celui qui aime son fils ou sa fille plus que moi n'est pas digne de moi ; celui qui ne prend pas sa croix, et ne me suit pas, n'est pas digne de moi » (Mt 10.37,38). Lorsque Christ n'est pas l'objet d'un amour ayant préséance sur tout et sur tous, nos autres relations, y compris nos liens familiaux les plus étroits, deviennent une forme d'idolâtrie.

Quatrièmement, Jésus a laissé à ses disciples un nouveau commandement : « Je vous donne un commandement nouveau : Aimez-vous les uns les autres ; comme je vous ai aimés [...]. À ceci tous connaîtront que vous êtes mes disciples » (Jn 13.34). Jésus donne en exemple son propre amour sacrificiel comme modèle à imiter pour garder ce nouveau commandement. De plus, il a enseigné que ce serait grâce à ce genre d'amour altruiste entre chrétiens que le monde les reconnaîtrait comme ses disciples. En effet, l'amour « est censé être la marque distinctive des disciples de Christ[5] ».

Aucun philosophe de l'Antiquité ou des temps modernes – Platon, Aristote, Kant, Russell – n'a jamais enseigné d'idées d'une plus grande portée au sujet de l'amour. Aucun personnage politique, de Jules César à Winston Churchill, n'a exigé autant d'amour de la part de ses partisans. Et aucun enseignant religieux – qu'il s'agisse de Bouddha, de Confucius ou de Mahomet – n'a jamais exigé de ses partisans qu'ils s'aiment les uns les autres comme il les avait aimés, ni n'a donné sa vie pour eux. Aucun autre système théologique ou philosophique n'en dit autant au sujet de la motivation divine de l'amour (et de la sainteté), ne manifeste l'amour autant que

---

5. Leon Morris, *The Gospel According to John*, NICNT (Grand Rapids : Eerdmans, 1995), p. 562.

Un des scribes [...] demanda *[à Jésus]* :
Quel est le premier de tous les commandements ?
Jésus répondit : Voici le premier : Écoute,
Israël, le Seigneur, notre Dieu, est l'unique Seigneur ;
et : Tu aimeras le Seigneur, ton Dieu, de tout
ton cœur, de toute ton âme, de toute ta pensée,
et de toute ta force. Voici le second : Tu aimeras
ton prochain comme toi-même. Il n'y a pas d'autre
commandement plus grand que ceux-là. Le scribe lui
dit : Bien, maître ; tu as dit avec vérité que Dieu est
unique, et qu'il n'y en a point d'autre que lui,
et que l'aimer de tout son cœur, de toute sa pensée,
de toute son âme, et de toute sa force, et aimer son
prochain comme soi-même, c'est plus que tous les
holocaustes et tous les sacrifices. Jésus, voyant qu'il
avait répondu avec intelligence, lui dit : Tu n'es pas
loin du royaume de Dieu.

(Marc 12.28-34*a*)

la mort de Christ sur la croix, ni n'exige autant d'amour que les enseignements de Jésus-Christ et de ses apôtres.

Comme l'écrit Carl Hoch : « Le nouveau commandement est la condition indispensable de la vie chrétienne[6]. » Le nouveau commandement est donc un élément essentiel de la vie chrétienne et du témoignage à rendre au monde. Négliger le nouveau commandement reviendrait par conséquent à annuler la vie chrétienne, à en faire une vie sans Christ. Pour reprendre les paroles de John Eadie, érudit écossais du Nouveau Testament : « Rien ne saurait être plus étranger à l'exemple de Christ qu'un tempérament marqué par la dureté et peu charitable[7]. »

> *« Tout amour n'est que le reflet ou l'ombre de l'amour au sein de la Trinité. »*
> **– Kelly Kapic**

Cinquièmement, Jean, le disciple que Christ aimait, a déclaré que « Dieu est amour » (1 Jn 4.8,16). Afin de mieux comprendre cette affirmation, nous devons contempler la Trinité. Au cœur même de la doctrine chrétienne au sujet de l'amour se trouve la nature trinitaire de Dieu[8]. L'ultime exemple d'amour existe entre les trois Personnes composant la Trinité – Dieu le Père, Dieu le Fils et Dieu le Saint-Esprit –, qui sont trois en une et une en trois et qui s'aiment d'un amour réciproque parfait. Comme l'affirme Kelly Kapic : « Tout amour n'est que le reflet ou l'ombre de l'amour au sein

---

6. Carl B. Hoch, fils, *All Things New: The Significance of Newness for Biblical Theology* (Grand Rapids : Baker, 1995), p. 145.

7. John Eadie, *Divine Love : A Series of Doctrinal, Practical and Experimental Discourses* (1856 ; Birmingham, Alabama : Solid Ground Christian Books, 2005), p. 276.

8. « En dernière analyse, le christianisme est une forme de trinitarianisme. Sortez du Nouveau Testament la personne du Père, du Fils et du Saint-Esprit, et il n'y reste plus de Dieu » (William G. T. Shedd, « Introductory Essay » dans Philip Schaff, éd., *Nicene and Post-Nicene Fathers*, première série [1887 ; Peabody, Massachusetts : Hendrickson, 1994], tome 3 ; p. 10-11).

de la Trinité[9]. » Il y a toujours eu entre le Père, le Fils et le Saint-Esprit une relation sociale dynamique et caractérisée par l'amour (Jn 17.24)[10]. Et nous avons été appelés à prendre part à la vie de cette sainte communauté d'amour (Jn 17.26 ; 14.21 ; 15.9,10).

Cette formidable proclamation de l'apôtre Jean – « Dieu est amour » – étaye en fait son appel principal à nous aimer les uns les autres : « *[Car]* l'amour est de Dieu, et quiconque aime est né de Dieu et connaît Dieu. Celui qui n'aime pas n'a pas connu Dieu, car Dieu est amour » (1 Jn 4.7*b*,8). Ainsi donc, le fait de ne pas nous aimer les uns les autres au sein de la famille de Dieu constitue un péché grave.

Sixièmement, Paul a dit de l'amour qu'il s'agissait d'« une voie par excellence » à suivre dans la vie. L'amour est la vertu suprême qui devrait régir tout ce que nous faisons et disons dans la vie chrétienne. Afin de bien faire comprendre cette vérité des plus fondamentales, Paul s'exprime dans un langage très énergique :

> Et je vais encore vous montrer une voie par excellence. Quand je parlerais les langues des hommes et des anges, si je n'ai pas l'amour, je suis un airain qui résonne, ou une cymbale qui retentit. Et quand j'aurais le don de prophétie, la science de

---

9. Kelly M. Kapic, *Communion With God : The Divine and the Human in the Theology of John Owen* (Grand Rapids : Baker, 2007), p. 231.

10. En parlant de la Trinité en tant que « société de Personnes », Bruce Ware écrit : « Dieu n'est jamais «seul». [...] Le Dieu unique est en trois Personnes ! Il forme en lui-même une unité d'Êtres, tout en existant également de manière éternelle en tant que société de Personnes. [...] C'est un Être en relation sociale avec lui-même. Dans cette relation à trois, les trois Personnes s'aiment entre elles, se soutiennent mutuellement, se viennent en aide les unes aux autres, forment une équipe, s'honorent entre elles, communiquent entre elles et, en tout, se respectent et jouissent de la compagnie les unes des autres. [...] Ainsi en est-il de la richesse, de la plénitude et de la complétude de la relation sociale qui existe au sein de la Trinité » (Bruce A. Ware, *Father, Son, and Holy Spirit : Relationship, Roles & Relevance* [Wheaton : Crossway, 2005], p. 20-21).

tous les mystères et toute la connaissance, quand j'aurais même toute la foi jusqu'à transporter des montagnes, si je n'ai pas l'amour, je ne suis rien. Et quand je distribuerais tous mes biens pour la nourriture des pauvres, quand je livrerais même mon corps pour être brûlé, si je n'ai pas l'amour, cela ne me sert à rien (1 Co 12.31*b* – 13.3).

Ainsi donc, que l'on parle du fruit de l'Esprit ou de vertus cardinales, l'amour les surpasse tous !

Autrement dit, Paul déclare :

- Sans amour, même les langues célestes seraient désagréables.
- Sans amour, toute la connaissance théologique et philosophique ne serait d'aucune utilité.
- Sans amour, la foi puissante qui pousse à courir des risques ne vaudrait rien.
- Sans amour, il ne servirait à rien de tout donner aux pauvres.
- Sans amour, même l'ultime sacrifice de la vie d'une personne ne mènerait à rien.

Maurice Roberts, pasteur écossais et ancien éditeur de la revue *The Banner of Truth*, a su mettre par écrit le caractère on ne peut plus sérieux des propos de Paul :

Dans ces paroles bien connues, nous possédons l'un des principes fondamentaux de la foi chrétienne. Le voici. À moins de s'accompagner de l'amour chrétien et de découler de cet amour, aucun acte religieux n'a de valeur aux yeux de Dieu. [...]

Mais les hommes prennent rarement le temps d'y réfléchir sérieusement. Si les implications de ce seul principe faisaient fréquemment l'objet d'une réflexion approfondie, elles auraient une grande influence sur nous tous. [...]

Étant donné que rien de ce qui ne découle pas de l'amour n'a de valeur aux yeux de Dieu, combien nous devrions nous appliquer à corriger notre formalisme invétéré !

Le problème du formalisme, du nominalisme ou de la « froideur » religieuse est des plus graves pour la raison évidente qu'il résulte de l'absence d'amour pour Dieu. [...] Dieu prête une attention particulière à la manière dont les hommes le considèrent dans leur service et leur adoration[11].

Paul résume 1 Corinthiens 13, le merveilleux chapitre de l'amour, par l'affirmation suivante : « Maintenant donc ces trois choses demeurent : la foi, l'espérance, l'amour ; mais la plus grande de ces choses, c'est l'amour. » Tout chrétien doit posséder la foi, l'espérance et l'amour. Ces vertus cardinales sont essentielles à la vie régénérée, ainsi qu'à la réussite spirituelle d'une Église locale. Toutefois, même parmi ces trois-là, Paul dit que « la plus grande de ces choses, c'est l'amour ». Ainsi donc, que l'on parle du fruit de l'Esprit ou de vertus cardinales, l'amour les surpasse tous[12] !

Il faut donc nous demander si, lorsque des gens sont en visite dans notre Église, ils y trouvent des personnes chaleureuses, amicales et accueillantes qui ont de l'amour pour tous. Y ressentent-ils la compassion de Christ et y

11. Maurice Roberts, « The Supreme Grace of Christian Love », *The Banner of Truth* (février 1989), p. 1,3.

12. Le pasteur et commentateur français Gaston Deluz résume 1 Corinthiens 13 comme suit : « La vitalité d'une Église se mesure donc à la somme de son amour, non au fanatisme de ses membres, à la subtilité de sa théologie ou à la prospérité de ses finances. Mais il est vrai que l'amour peut ranimer le zèle des paroissiens, inspirer les théologiens et assainir les finances de l'Église » (Gaston Deluz, *La Sagesse de Dieu* [Neuchâtel, Suisse : Éditions Delachaux & Niestlé, 1959], p. 212).

découvrent-ils le genre de famille spirituelle aimante que les auteurs néotestamentaires avaient à l'esprit ? Y voient-ils des personnes sympathiques aux besoins des autres, ainsi que des chrétiens hospitaliers et généreux ? Y voient-ils la joie du Seigneur, la vitalité spirituelle et les chrétiens de la congrégation chercher à servir un monde qui souffre ?

Ou bien, notre Église ressemble-t-elle davantage à une assemblée impersonnelle qu'à une famille spirituelle ? Les visiteurs sentent-ils de la froideur et de l'indifférence ? Sont-ils les témoins d'un esprit orgueilleux et critique ou d'un groupe de personnes irritables et querelleuses ?

N'oubliez pas qu'il y a toujours quelqu'un qui marche parmi les Églises, que personne ne voit, mais qui voit tout. D'après vous, quelle opinion Christ entretient-il au sujet de votre Église locale ?

Un de mes amis devait se trouver une nouvelle Église lorsque la sienne a fermé ses portes. Il vivait dans une grande ville aux nombreuses Églises évangéliques, si bien qu'il avait l'embarras du choix. Comme c'est le genre de personne qui s'engage envers sa famille spirituelle et qui lui reste fidèle, il n'allait pas choisir une Église au hasard. Au terme d'une longue recherche contrariante, il a fini par se trouver une nouvelle famille spirituelle.

Je lui ai demandé ce qu'il avait appris au fil de ses visites dans différentes Églises. Il avait plusieurs remarques intéressantes à me faire, mais ce qui m'intéressait le plus, c'était de savoir pourquoi il avait choisi l'Église qu'il avait adoptée. Il m'a dit avoir fondé sa décision sur « l'esprit de l'Église, son atmosphère ». Toutes les Églises par lesquelles il était passé étaient enracinées dans la saine doctrine et l'on donnait d'excellents enseignements bibliques dans certaines ; par contre, il leur manquait quelque chose. L'Église qu'il a choisie était dotée non seulement de bons enseignements bibliques, mais aussi d'un esprit aimant. Autrement dit, il avait trouvé une famille spirituelle aimante dont faire partie.

L'Église d'Éphèse était fondée dans la saine doctrine et fidèle à l'Évangile, mais quelque chose lui faisait défaut. Son esprit était carencé. Il lui manquait l'amour. Examinons donc le remède que Christ propose à son manque d'amour afin de nous prémunir contre un tel manquement au sein de nos propres Églises.

Chapitre trois

Le remède que propose Christ

*C*e qu'Apocalypse 2.4 nous enseigne, et que nous ne devons jamais oublier, c'est qu'il est possible à une personne ou à une Église d'enseigner la saine doctrine, d'être fidèle à l'Évangile, de vivre dans la droiture et d'œuvrer avec zèle, mais qu'elle déplaise quand même à Christ parce qu'il lui manque l'amour. L'amour peut se refroidir même si l'activité religieuse semble acceptable, voire digne d'éloges.

Nous avons tendance à nous fier à des rites religieux, à des traditions et à des distinctions confessionnelles, à une rectitude doctrinale et à des règles moralisantes, tout en fermant les yeux sur les éléments essentiels et fondamentaux de l'amour pour Dieu et notre prochain. Comme il est facile de se contenter de pratiques religieuses externes et d'imiter les pharisiens, qui « *[paient]* la dîme de la menthe, de la rue, et de toutes les herbes, et *[qui négligent]* la justice et l'amour de

Dieu » (Lu 11.42)[13] ! Les pratiques religieuses extérieures sont susceptibles de remplacer insidieusement la vraie foi intérieure et l'amour sincère. Il s'agit d'ailleurs d'un danger de tous les instants. C'est un problème souvent difficile à discerner ou à expliquer avant qu'il ne soit trop tard. Toutefois, il est nécessaire de le discerner et de l'évincer, car l'amour pour Dieu et notre prochain réside au cœur même d'une vie spirituelle authentique. Par conséquent, Apocalypse 2.4 constitue un appel au réveil adressé à toutes les Églises : Aime ou meurs !

Il n'est cependant pas facile de restaurer un cœur carencé en amour. Il existe une maladie du cœur physique portant le nom de cardiomyopathie qui affaiblit le muscle cardiaque au point d'empêcher le cœur de pomper suffisamment de sang. Non traitée, cette maladie a pour effet d'affaiblir toujours plus la personne qui en est atteinte, et cela, jusqu'à ce qu'elle en meure. Or, le cœur carencé en amour est menacé du même sort. Le cœur froid s'endurcit forcément et en vient à résister à sa transformation. Au fil du temps, il devient de plus en plus difficile de lui redonner la chaleur de l'amour chrétien. Or, il est nécessaire d'interrompre ce refroidissement graduel et d'inverser la situation avant qu'il ne soit trop tard.

Une certaine maladie du cœur spirituel, *la carence en amour*, affaiblissait l'Église d'Éphèse. À moins que cette maladie ne soit diagnostiquée et correctement traitée, l'Église allait mourir. Au lieu de gagner en amour, comme toute Église en bonne santé devrait le faire, cette Église s'affaiblissait. Le Médecin par excellence a mis le doigt sur le problème, a diagnostiqué la maladie en question et en a prescrit le remède.

Pour inciter les croyants d'Éphèse à se ressaisir, Jésus leur a adressé la mise en garde inquiétante que voici : « *[Je]* viendrai à toi, et j'ôterai ton chandelier de sa place, à moins que tu

---

13. Pour obtenir un exemple de scribe qui a compris la vérité fondamentale de l'amour pour Dieu et son prochain qui sous-tend « tous les holocaustes et tous les sacrifices » extérieurs, voir Marc 12.33,34.

ne te repentes » (v. 5). S'ils ne passaient pas à l'action, il le ferait. N'ayant rien d'une vaine menace, cette mise en garde démontre combien Christ accorde d'importance à la nécessité de ne pas abandonner notre premier amour.

Bien que tous ne s'entendent pas sur la signification de la déclaration de Christ, la gravité de la situation ne laisse aucune place au doute. Ses paroles révèlent que l'état spirituel des croyants d'Éphèse s'est détérioré. Le manque d'amour est une maladie fatale qu'ils se sont attirée par leur propre négligence. S'ils ne se repentaient pas, Jésus-Christ leur retirerait leur lumière.

Pour aider à stopper l'affaiblissement spirituel de cette Église, Jésus incite ses enfants à faire trois choses visant à leur éviter de subir le châtiment divin. Sa situation n'était pas désespérée, mais en négligeant de se ressaisir promptement, l'Église risquerait la catastrophe. Jésus lui a donc prescrit un remède triple : souviens-toi, repens-toi et pratique tes premières œuvres.

Souviens-toi

La première chose que le Seigneur demande à l'Église est la suivante : « Souviens-toi donc d'où tu es tombé ». Jésus dit que ces croyants sont tombés ; qu'ils se sont détournés de lui ; qu'ils ne sont plus ce qu'ils étaient spirituellement.

Comble d'ironie, cette Église ne se laissait pas duper par les faux enseignants provenant de l'extérieur (v. 2), mais par le manque d'amour provenant de l'intérieur. Les croyants d'Éphèse avaient réussi à surmonter un grave danger – celui des faux enseignements –, mais avaient succombé à un autre danger tout aussi grave : le manque d'amour. Voici donc une leçon à retenir pour toutes les Églises : il est primordial de conserver et d'équilibrer saine doctrine et amour fervent.

Pour aider les croyants d'Éphèse à reconnaître la gravité de leur état spirituel, Jésus les a exhortés à se rappeler leurs débuts dans la vie chrétienne, lorsque l'amour motivait tout ce qu'ils faisaient. Ils devaient se remémorer l'amour qu'ils possédaient au commencement, mais qu'ils avaient abandonné.

Se « souvenir » revient à se remémorer des sentiments et des actions passés, mais pas de manière passive. Il ne s'agit pas de rêvasser avec sentimentalisme en se remémorant « le bon vieux temps » sans la moindre intention d'agir. L'impératif présent « Souviens-toi » met l'accent sur une attitude poussant à se remémorer continuellement les choses. Cette attitude exige que l'on fasse l'effort de se rappeler les joies, les œuvres, les attitudes et les expériences passées de la vie de l'Église afin de les répéter et d'agir en conséquence.

> La repentance est au cœur de ce que les croyants d'Éphèse doivent faire pour retrouver leur premier amour.

Ces souvenirs guideront l'Église dans sa démarche actuelle et lui procureront une direction. Ils établiront les normes à suivre et susciteront le changement. Se rappeler ces choses aidera l'Église à voir et à admettre son manque d'amour. Se les remémorer l'amènera à se repentir et à retourner à ses premiers gestes d'amour. Pour cette Église, le moyen d'avancer consiste à prendre du recul : en déterminant clairement ce qu'elle avait perdu et en admettant qu'elle était tombée dans le péché.

Repens-toi

L'impératif « Souviens-toi » est suivi d'un autre impératif : « repens-toi ». Les croyants d'Éphèse doivent donc ressentir la nécessité de faire un retour en arrière et de retrouver l'amour qu'ils possédaient auparavant. Le fait de se souvenir de là où ils étaient tombés les conduirait à la repentance.

Qu'est-ce que la repentance ? D. A. Carson nous offre une bonne définition de la *repentance* :

Il ne s'agit pas d'un simple changement d'avis intellectuel ou d'un simple chagrin, encore moins de faire pénitence, mais d'une transformation radicale de toute la personne, un volte-face fondamental en esprit et en action qui inclut divers degrés de tristesse et qui produit « du fruit digne de la repentance ». Bien entendu, tout cela laisse entendre que les actions de l'homme sont fondamentalement faussées et nécessitent un changement radical[14].

Par la repentance, l'Église d'Éphèse démontrerait :

- qu'elle *accepte* l'évaluation de son piètre état spirituel ;
- qu'elle *s'est jugée elle-même* selon la Parole de Christ comme étant pécheresse et digne du châtiment divin (1 Co 11.31,32) ;
- qu'elle *se désole* de manquer d'amour et de déplaire à Christ (2 Co 7.8-10) ;
- qu'elle *se détourne* de son péché et qu'elle *retrouve* sa vie empreinte d'amour ;
- que, par la grâce de Dieu, elle *fera le nécessaire* pour corriger la situation (2 Co 7.8-12).

Les croyants d'Éphèse ne pourraient pas retrouver leur premier amour sans se repentir, car le Seigneur ne le leur permettrait pas. Ici, la leçon à apprendre, c'est qu'il faut toujours éliminer le péché ; qu'on ne doit jamais en faire abstraction. La repentance est au cœur de ce que les croyants d'Éphèse doivent faire pour retrouver leur premier amour. S'ils négligeaient l'appel de Dieu à la repentance, ils encourraient le jugement divin : « sinon, je viendrai à toi, et j'ôterai ton

---

14. D. A. Carson, *Matthew 1 – 12*, The Expositor's Bible Commentary (Grand Rapids : Zondervan, 1995), p. 99.

chandelier de sa place, à moins que tu ne te repentes »
(Ap 2.5*b*).

Pratique tes premières œuvres

Après « Souviens-toi » et « repens-toi », le troisième impératif
est : « pratique tes premières œuvres ». Le mot grec rendu
par *premières* nous rappelle son apparition antérieure dans
Apocalypse 2.4 : « tu as abandonné ton premier amour ». La
vraie repentance produit « du fruit digne de la repentance »
(Mt 3.8 ; voir aussi 2 Co 7.10,11). Ainsi donc, Jésus demande
aux croyants d'Éphèse de retourner à leurs premières œuvres,
qui découlaient de leur premier amour.

Dans le cas des croyants d'Éphèse, retourner à leurs
premières œuvres revenait à retrouver leur ancien état et
à chercher assidûment à pratiquer de nouveau les œuvres
d'amour qu'ils avaient pratiquées auparavant, mais
qu'ils avaient abandonnées. Jésus ne leur demande pas
simplement d'accomplir plus d'œuvres – ils en pratiquent
déjà suffisamment (Ap 2.2) –, mais d'accomplir les œuvres
qu'ils accomplissaient au début. Il se peut que leur « travail »
et leur « persévérance » se limitent surtout au fait de refuser
la parole aux faux enseignants, de protéger la saine doctrine
contre les attaques et d'affronter l'opposition d'une société
hostile.

En abandonnant graduellement leur premier amour, les
croyants d'Éphèse ont également abandonné, ou du moins
grandement restreint, les gestes d'amour et de bonté, la
compassion, la tendresse, l'hospitalité et les prières[15]. La perte
de l'amour produit toujours des conséquences négatives
sur les œuvres, la conduite, les attitudes et les activités
d'une Église. Les croyants d'Éphèse ne ménageaient pas leurs

---

15. Ro 12.9-21 ; 1 Ti 5.10 ; 1 Jn 3.11-18.

efforts et persévéraient, mais des éléments de leurs œuvres leur faisaient défaut et ils devaient les retrouver.

Pour l'Église d'Éphèse, il est bon de savoir qu'elle peut compter sur le pardon et l'aide du Seigneur si elle se repent. Christ « leur procurera l'huile d'un amour retrouvé[16] » pour permettre à leur chandelier de bien éclairer de nouveau. Il n'y a rien qu'il ne désire plus ardemment que de voir leur amour s'enflammer de nouveau et s'approfondir. Il veut les voir aimer comme ils ont aimé au début.

Dans notre cas, comme c'était le cas des croyants d'Éphèse, le feu de l'amour peut être ranimé. Des vies peuvent être consacrées de nouveau à Christ. Le Saint-Esprit peut insuffler une vie nouvelle dans la prière, l'étude de la Bible, l'évangélisation, l'adoration et la communion fraternelle entre chrétiens. Nous pouvons approfondir notre connaissance de l'amour que Dieu nous porte et demeurer dans cet amour (1 Jn 4.16). Nous pouvons aimer davantage, et de façon plus constante, de l'amour que Christ nous a témoigné en donnant sa vie pour nous (Ép 5.2). La prochaine partie du présent livre propose des moyens pratiques d'y parvenir.

---

16. Robert Tuck, *A Homiletic Commentary* (New York : Funk & Wagnalls, s. d.), tome 9, p. 451.

Deuxième partie

Comment cultiver l'amour

Veillons les uns sur les autres,
pour nous exciter à l'amour et aux bonnes œuvres.
Hé 10.24

La réprimande que le Seigneur adresse à l'Église d'Éphèse est une mise en garde sévère quant au fait qu'il est possible à une Église de pratiquer beaucoup d'œuvres, de combattre l'hérésie, de persévérer et d'enseigner la saine doctrine sans pour autant échapper au châtiment divin à cause de son manque d'amour. Une Église aura beau sembler impressionnante vue de l'extérieur – bâtiment magnifique, énorme congrégation, personnel nombreux, grand budget, enseignement dynamique, programme missionnaire exceptionnel et musique extraordinaire –, reste qu'il se peut qu'elle se meure de l'intérieur parce qu'elle manque d'amour (1 Co 13.1-3).

L'amour est essentiel à la santé spirituelle de chaque croyant et de l'Église locale. Voilà pourquoi j'ai tellement à cœur la culture de l'amour au sein du Corps de Christ. Je suis profondément affligé de voir des Églises négliger l'esprit du Nouveau Testament et la pratique de l'amour. Je pleure pour les Églises qui s'enorgueillissent de professer la saine doctrine, mais qui dorment à poings fermés pour ce qui est de l'amour (1 Co 13.4). Je pleure également pour les Églises qui s'enorgueillissent de leur amour, mais qui dorment sur le plan doctrinal. Je suis désenchanté de voir des Églises refuser de prendre des mesures disciplinaires contre des membres qui s'obstinent à pécher parce qu'elles entretiennent une perception déformée de l'amour. Je trouve pénible de voir des chrétiens imbus d'eux-mêmes refuser d'aimer davantage. J'ai peine à y croire lorsque je vois des croyants se quereller entre eux comme des chiffonniers (se poursuivant mutuellement en justice, médisant les uns des autres et se détestant les uns les autres) et faire presque fi des comportements empreints d'amour que la Bible prône (1 Co 13.4-7).

Tout croyant devrait se préoccuper de la perte de l'amour au sein de la famille de Dieu. Bien qu'en définitive, ce soit Dieu qui nous garde dans son amour et qui nous incite à aimer[17], il y a également un élément humain à cette équation. L'Écriture exige de tous les chrétiens qu'ils recherchent l'amour, qu'ils se maintiennent dans l'amour de Dieu, qu'ils demeurent dans l'amour de Christ, qu'ils aiment comme Christ a aimé et qu'ils s'excitent à l'amour et aux bonnes œuvres[18]. Il est donc primordial pour nos Églises et la santé spirituelle de chaque croyant que nous sachions cultiver et protéger l'amour.

La culture et la pratique de l'amour sont une question de vie ou de mort pour l'Église locale. Nous ne voudrions pas entendre le Seigneur nous dire : « Mais ce que j'ai contre toi ». Il est donc de notre devoir, tant sur le plan individuel que collectif, de cultiver et de préserver l'amour. Nous devons apprendre à mieux aimer en tant que croyants individuels et que famille spirituelle. Nous devons nous motiver, nous-mêmes

---

17. Jn 15.9 ; Ro 5.5 ; 8.35-39 ; Ga 5.22 ; Jud 1.
18. Jn 15.9 ; 1 Co 14.1 ; Ép 5.2 ; Jud 21 ; Hé 10.24.

et les autres, à aimer « en actions et avec vérité » (1 Jn 3.18). Et lorsque notre amour se meurt, nous devons le ranimer et nous remettre à l'approfondir.

Chapitre un

Étudiez l'amour

*É*tant donné que l'amour que nous cherchons à imiter est celui de Christ, il ne saurait y avoir meilleur point de départ que l'étude de ce que Dieu dit au sujet de l'amour dans sa Parole, la Bible. Il s'agit de la norme selon laquelle nous définissons l'amour divin et nous rectifions nos fausses notions par rapport à l'amour. Pourtant, peu de croyants sont conscients de tout ce que la Bible enseigne au sujet de l'amour.

Dans la Bible, le mot « amour » ou « aimer » apparaît plus de mille fois sous différentes formes. De plus, le concept de l'amour y est présenté de nombreuses fois sans que le mot en tant que tel soit employé. Le sujet de l'amour est très vaste parce que Dieu est amour – celui qui en est l'auteur, qui le définit et qui le récompense. Ainsi donc, il va de soi que l'amour apparaît partout dans sa Parole.

Si vous voulez rechercher l'amour, vous devez lire et étudier ce que Dieu dit au sujet de l'amour dans sa Parole écrite. Vous apprendrez ainsi à mieux connaître l'amour, de même que le Dieu et le Christ que vous êtes censé aimer par-dessus tout. Seuls la Parole et l'Esprit de Dieu peuvent éveiller notre désir d'aimer et transformer notre cœur pécheur et égoïste de manière à ce que nous aimions comme Christ aime. Si l'Écriture ne nous convainc pas de l'importance de l'amour et du fait que Dieu nous demande d'aimer, rien ne nous en convaincra.

Henry Moorhouse et l'étude de l'amour

L'histoire de l'influence que Henry Moorhouse a exercée sur Dwight L. Moody, le grand évangéliste du XIXᵉ siècle, illustre merveilleusement bien l'importance d'étudier l'amour biblique[19]. Henry Moorhouse était un jeune évangéliste itinérant britannique. Sa méthode de prédication de l'Évangile consistait à prendre un sujet et à l'étudier depuis le livre de la Genèse jusqu'à celui de l'Apocalypse. Il parvenait ensuite à prêcher sur ce sujet en se fondant sur toute l'Écriture. Chacun de ses messages était un riche banquet aux plats scripturaux copieusement accompagnés d'illustrations pertinentes qui clarifiaient le sens de l'Écriture pour ses auditeurs non-croyants.

> « L'œuvre de Dieu ne peut s'accomplir sans amour. »
> – D. L. Moody

Parmi tous les sujets que Moorhouse se plaisait à étudier et à aborder dans ses prédications, son préféré était l'amour de Dieu tel que proclamé dans Jean 3.16 : « Car Dieu a tant aimé le monde qu'il a donné son Fils unique, afin que quiconque croit en lui ne périsse point, mais qu'il ait la vie éternelle. » Lorsque

---

19. On estime que Moody aurait proclamé l'Évangile à plus de 100 millions de personnes, parcouru plus de 1 600 000 km et conduit des centaines de milliers de gens à la connaissance de Christ, et tout cela avant l'époque des avions, des voitures, de la radio et de la télévision (Lyle W. Dorsett, *A Passion for Souls : The Life of D. L. Moody* [Chicago : Moody, 1997], p. 139).

Henry Moorhouse est allé en Amérique pour la première fois et qu'il a prêché à l'Église de Moody à Chicago, il a apporté sept messages de suite sur Jean 3.16 en une semaine ! En puisant partout dans la Bible, Moorhouse a conduit ses auditeurs dans une exploration captivante du merveilleux amour de Dieu.

Tout ce que Moorhouse a dit cette semaine-là reposait sur l'Écriture. Comme il avait tellement utilisé la Bible dans ses prédications, les gens se sont mis à apporter leur bible à l'Église pour la première fois. Ses prédications se sont révélées tellement inspirées de l'Esprit que les foules n'ont cessé de grandir chaque jour davantage. Ses prédications ont déclenché un réveil spirituel marqué par l'amour au sein de l'Église. Même Moody a admis qu'il ne pouvait réprimer ses larmes en entendant Moorhouse disserter, un verset après l'autre, sur l'amour que Dieu a témoigné aux âmes perdues par le sacrifice de Christ sur la croix.

Jusque-là, Moody n'avait prêché que sur le jugement de Dieu contre les pécheurs, et non sur son amour pour eux. Grâce aux sept prédications de Moorhouse sur Jean 3.16, Moody « n'a plus jamais été le même[20] ». Bien qu'au début Moorhouse ait déplu à Moody, ils n'ont pas tardé à devenir de grands amis pour la vie. Henry Moorhouse, qui ressemblait à un adolescent imberbe de 17 ans et qui n'allait qu'aux épaules de l'imposant Moody, n'a pas craint d'encourager ce dernier à étudier davantage la Bible et à donner des prédications plus centrées sur l'Écriture. Moody ayant bien accueilli cette exhortation, Henry est devenu son professeur.

Par son exemple, en matière d'étude personnelle et de prédication percutante au sujet de l'amour de Dieu en Christ, Moorhouse a motivé Moody à étudier ce que la Bible dit sur l'amour. Moody s'est émerveillé des découvertes qu'il a faites en étudiant l'amour biblique :

---

20. Dorsett, *A Passion for Souls*, p. 139.

J'ai pris le mot « amour » et j'ignore combien de semaines j'ai passées à étudier les passages dans lesquels il apparaît, *jusqu'à ce que je ne puisse enfin plus m'empêcher d'aimer les gens !* (Italiques ajoutés.) Je m'étais nourri d'Amour si longtemps qu'il me tardait de faire du bien à tous les gens qui croisaient ma route.

Je m'en suis gavé. Il me sortait par les pores de la peau. Faites vôtre le sujet de l'amour dans la *Bible* ! Il vous nourrira au point que vous n'aurez plus qu'à ouvrir la bouche et à laisser l'Amour de Dieu se déverser sur les gens. Sans amour, il ne sert à rien de faire les œuvres de l'Église. Le médecin et l'avocat peuvent faire du bon travail sans l'amour, mais l'œuvre de Dieu ne peut s'accomplir sans amour[21].

Pour ce qui est des déclarations et des exigences en matière d'amour, la Bible est inégalable. Tout ce qu'elle dit au sujet de l'amour vous étonnera. Si vous acceptez le défi que Moody vous lance – « Faites vôtre le sujet de l'amour dans la *Bible* ! » – vous vous découvrirez à votre tour le désir de faire du bien à tout le monde. L'amour coulera de vos lèvres et vous sortira par les pores de la peau. Vous désirerez être un meilleur exemple de l'amour de Christ.

De plus, comme Moorhouse, votre désir passionné de comprendre et d'adopter l'amour de Dieu deviendra insatiable. En fait, Jean 3.16 est devenu le message par excellence de Moorhouse. À l'article de la mort, Moorhouse a même dit à un ami : « Si le Seigneur jugeait bon de me guérir, j'aimerais prêcher davantage sur le texte "Dieu a tant

---

21. Richard Ellsworth Day, Bush Aglow, *The Life Story of Dwight Lyman Moody, Commoner of Northfield* (Philadelphie, Pennsylvanie : The Judson Press, 1936), p. 146.

aimé le monde[22]". » Quelques jours plus tard, il est mort à l'âge précoce de 40 ans. On a gravé Jean 3.16 sur sa pierre tombale.

Se mettre à l'étude de l'amour

Un moyen rapide et simple de se mettre à l'étude de ce que la Bible dit au sujet de l'amour consiste à lire les passages bibliques portant sur l'amour dans l'une des annexes du présent livre (Annexe B : Cinquante passages clés portant sur l'amour). Ces passages vous donneront une idée générale du cadre biblique de l'amour. Par contre, vous ne devriez pas vous contenter d'en faire une lecture rapide ; prenez le temps de réfléchir à l'amour biblique et véritablement chrétien et de méditer à son sujet[23].

Un autre moyen d'étudier l'amour consiste à chercher, à l'aide d'une concordance ou d'un logiciel biblique, les versets dans lesquels le mot « amour » ou « aimer » apparaît. Lisez les versets dans leur contexte, puis classez chacun dans une catégorie de sujets précis qui vous aideront à vous rappeler les enseignements bibliques relatifs à l'amour. Jean 17.24, par exemple, donne un aperçu saisissant de l'amour du Père pour le Fils. Voici quelques exemples de catégories :

Dieu est amour

L'amour du Père pour le Fils

L'amour du Fils pour le Père

Le Saint-Esprit et l'amour

L'amour de Dieu pour Israël

---

22. John Macpherson, *Henry Moorhouse : The English Evangelist* (Londres : Morgan and Scott, s. d.), p. 130.
23. Martyn Lloyd-Jones ajoute « L'amour est quelque chose que l'on peut contempler. [...] L'amour qui ne fait pas réfléchir n'est pas de l'amour ; il n'est que pur instinct physique. L'amour se plaît à ruminer, à s'attarder sur le sujet, à examiner, à disséquer, à analyser et à considérer. [...] L'amour doit être étudié, et plus on l'étudie, plus on y trouve du plaisir » (*The Unsearchable Riches of Christ : An Exposition of Ephesians 3:1 to 21* [Grand Rapids : Baker, 1979], p. 232-233).

L'amour inébranlable de Dieu
L'amour de Jésus-Christ pour son peuple
L'amour du croyant pour Dieu
L'amour du croyant pour Christ
L'amour du croyant pour d'autres croyants
L'amour du croyant pour les âmes perdues
Les relations d'amour entre les gens (mari et femme, parent et enfant, amis, mentor et disciple, etc.)
Un amour qui grandit
Les commandements relatifs à l'amour
La nature de l'amour
L'importance de l'amour
L'amour et la prière
L'amour et l'obéissance

Au fil de vos lectures au sujet de l'amour, rappelez-vous que notre Seigneur enseigne que le premier et le plus grand des commandements, et le devoir suprême du chrétien, consiste à aimer Dieu plus que soi-même, les autres et les biens matériels[24]. Tout amour humain ne trouve sa place dans la vie que si la priorité est accordée à l'amour pour le Dieu Créateur et Éternel. L'amour pour tout être créé ou tout objet matériel qui surpasse l'amour pour le Créateur est une forme d'idolâtrie et une perversion de l'amour.

Le deuxième commandement relatif à l'amour est inséparable du premier : « Tu aimeras ton prochain comme toi-même. » L'amour pour Dieu et notre prochain résume la totalité des commandements de Dieu, de tout comportement moral, de tout service religieux et de toute vraie spiritualité. Christ insiste beaucoup sur l'importance primordiale de ces deux commandements relatifs à l'amour en disant :

---

24. De 6.4,5 ; Mt 22.34-40 ; Mc 12.28-34 ; Lu 10.25-42.

> De ces deux commandements dépendent toute
> la loi et les prophètes (Mt 22.40).
> Il n'y a pas d'autre commandement plus grand
> que ceux-là (Mc 12.31*b*).

Bien entendu, l'étude de ce que la Bible dit au sujet de l'amour n'est pas ponctuelle ; il s'agit de l'apprentissage de toute une vie. Apprendre à découvrir l'amour de Dieu manifesté en Christ et l'amour de Dieu pour nous est une quête sans fin. Il s'agit d'un des sujets les plus intéressants et les plus captivants de toute l'Écriture. En saturant votre esprit de l'amour biblique, vous saurez ce que Dieu attend de vous et votre amour grandira. Vous parviendrez également à mieux vous prémunir contre la perte de l'amour et à mieux exhorter les autres à aimer.

Après avoir étudié l'amour biblique, encouragez les autres à en faire autant. Créez un petit groupe d'étude de l'amour et servez-vous du guide d'étude qui se trouve dans le présent livre ou du guide d'étude qui se trouve dans mon livre intitulé *Diriger avec amour*[25]. (Bien que ce livre s'adresse principalement aux leaders, tout le monde peut s'en servir et bénéficier de ses enseignements scripturaires.) Le fait de réunir les gens de votre Église pour étudier l'amour biblique aura pour effet de grandement encourager l'épanouissement de l'amour parmi vous. L'étude de l'amour biblique est un moyen important de « *[rechercher]* l'amour » (1 Co 14.1) et de « *[veiller]* les uns sur les autres, pour nous exciter à l'amour et aux bonnes œuvres » (Hé 10.24).

---

25. Alexander Strauch, *Diriger avec amour* (Trois-Rivières, Québec : Éditions IMPACT, 2007).

Chapitre deux

Priez pour l'amour

L'étude de l'amour est une chose, la mise en pratique de ce que l'on a appris en est une tout autre. La manière dont les apôtres encourageaient les croyants des premières Églises à propager l'amour de Christ, ce qu'elles faisaient manifestement, en a toutefois long à nous enseigner au sujet de la vie dans l'amour. Les apôtres se souciaient beaucoup plus de l'amour que nous avons tendance à le faire de nos jours. Le Nouveau Testament nous montre qu'ils *enseignaient* aux croyants

> **Sans persévérance dans la prière, il ne peut y avoir aucun renouveau de l'amour.**

ce que Christ enseignait sur l'amour ; ils *exhortaient* leurs lecteurs à exercer l'amour de Christ ; ils *servaient d'exemples* de l'amour de Christ auprès des gens qui se convertissaient à lui ; ils *dissuadaient* les gens d'aimer plus le présent siècle que Christ ; et ils *priaient* pour que les gens qu'ils amenaient à Christ en viennent à aimer de l'amour de Christ. Or, nous explorerons chacun de ces points, en commençant par la prière.

Si nos Églises grandissent si peu dans l'amour, c'est en partie parce que nous prions peu pour changer cette situation. Étant tous de nature égoïste, nous sommes simplement incapables, du moins par nos propres forces, de marcher dans l'amour comme Christ l'a fait. Si nous voulons en venir un jour à aimer comme Christ a aimé, nous devons prier pour que le Saint-Esprit nous en rende capables. Sans persévérance dans la prière, il ne peut y avoir aucun renouveau de l'amour. George Müller, un homme de prière remarquable, a compris la nécessité de prier sans cesse :

> Le grand défaut des enfants de Dieu, c'est qu'*ils ne continuent pas de prier ; ils ne poursuivent pas sur leur lancée dans la prière ; ils ne persévèrent pas*. S'ils désirent quoi que ce soit pour la gloire de Dieu, ils devraient prier jusqu'à ce qu'ils l'obtiennent[26].

Le Nouveau Testament fournit des exemples de prières favorisant la croissance dans l'amour. Paul, par exemple, a prié pour que les gens qu'il amenait à Christ grandissent dans la connaissance de l'amour de Dieu pour eux, dans leur connaissance de l'amour sacrificiel que Christ a manifesté sur la croix, ainsi que dans leur amour les uns pour les autres et pour tous. Notre examen de ces prières se révélera instructif et stimulera notre vie de prière.

Priez pour connaître l'amour de Christ

Dans l'une des plus grandes prières rapportées dans le Nouveau Testament, Paul prie pour que Dieu donne aux croyants, par le pouvoir du Saint-Esprit, la capacité de saisir dans la mesure

---

26. Roger Steer, *George Müller : Delighted in God* (1975 ; éd. réimpr., Fern, Écosse : Christian Focus, 1997), p. 222.

du possible la nature vaste et incompréhensible de l'amour de Christ :

> À cause de cela, je fléchis les genoux devant le Père [...] afin qu'il vous donne, selon la richesse de sa gloire, d'être puissamment fortifiés par son Esprit dans l'homme intérieur, en sorte que [...] vous puissiez comprendre avec tous les saints quelle est la largeur, la longueur, la profondeur et la hauteur [de l'amour de Christ], et connaître l'amour de Christ, qui surpasse toute connaissance, en sorte que vous soyez remplis jusqu'à toute la plénitude de Dieu (Ép 3.14-19).

Bien que l'amour de Christ « surpasse toute connaissance », il s'agit d'un amour que nous devons malgré tout continuellement chercher à comprendre[27]. La grande vérité à laquelle nous devons revenir sans cesse au cours de notre vie est la suivante : *Ce n'est pas que nous ayons aimé Christ, mais qu'il nous a aimés le premier et qu'il a donné sa vie sur la croix pour expier nos péchés.* Il vaut donc la peine de prier avec zèle pour connaître l'amour de Christ notre Sauveur[28].

Connaître l'amour de Christ – de manière non seulement intellectuelle, mais aussi expérientielle et intime – a pour effet de transformer la vie. C. T. Studd, missionnaire-pionnier en

---

27. Commentant notre passage, Martyn Lloyd-Jones écrit : « Nous ne devons jamais faire l'erreur d'imaginer que, parce que nous sommes chrétiens, nous savons tout de l'amour de Dieu. La plupart d'entre nous sont comme des enfants pataugeant au bord d'un océan ; il y a dans l'amour de Dieu des profondeurs abyssales dont nous ne connaissons rien. L'Apôtre prie pour que les croyants d'Éphèse s'aventurent, et nous par le fait même, dans ces profondeurs et y découvrent des choses que nous n'avons même jamais imaginées » (*The Unsearchable Riches of Christ*, p. 207).
28. Ceslaus Spicq commente ainsi : « Toute la vie chrétienne consiste à s'attacher à son amour et à vivre dans cet amour » (*Agape in the New Testament* [Londres : Herder, 1965], tome 2, p. 373).

Le secret des premiers chrétiens,
des premiers protestants, des puritains et des
méthodistes, résidait dans le fait qu'on leur
enseignait l'amour de Christ, et qu'ils en
venaient à être remplis de sa connaissance.
Une fois qu'un homme a l'amour de Christ dans
son cœur, il n'est pas nécessaire de le former à
l'évângélisation ; il le fera de lui-même.
Il en connaîtra le pouvoir, la contrainte, la
motivation ; tout cela se trouve déjà en lui.
Prétendre que ceux qui considèrent la connaissance
de l'amour de Christ comme la chose suprême
sont des mystiques inutiles et malsains n'est qu'un
tissu de mensonges. Les serviteurs de Dieu qui ont le
plus marqué la vie et l'histoire de l'Église chrétienne
ont toujours été des hommes ayant compris
qu'il s'agit de la chose la plus importante de toutes,
et ayant passé des heures dans la prière
à chercher sa face et à jouir de son amour.
L'homme qui connaît l'amour de Christ dans son
cœur peut en accomplir davantage en une heure
que le genre d'homme affairé peut en accomplir
en un siècle. Que Dieu nous préserve de faire de
l'activité une fin en soi. Prenons conscience du fait
que la motivation doit venir en premier, et que cette
motivation doit toujours être l'amour de Christ.

(D. Martyn Lloyd-Jones, *The Unsearchable Riches of Christ*, p. 253).

Chine, en Inde et en Afrique, comprenait la vérité au sujet de l'amour sacrificiel de Christ et y a répondu en déclarant : « Si Jésus-Christ est Dieu et qu'il est mort pour moi, alors aucun sacrifice ne saurait être trop grand pour que je le fasse pour lui[29]. » La vérité au sujet de l'amour de Christ a inspiré l'analogie stimulante de John Stott que voici : « La croix est le feu auquel la flamme de notre amour s'allume[30]. »

Plus nous comprenons et estimons à sa juste valeur l'amour sacrificiel que Christ a manifesté au Calvaire, plus grand est notre amour pour Dieu et notre prochain. Voici donc la logique de l'Écriture : « *[Si]* Dieu nous a ainsi aimés, nous devons aussi nous aimer les uns les autres. [...] Pour nous, nous l'aimons, parce qu'il nous a aimés le premier » (1 Jn 4.11,19). Ne cessons donc jamais de prier pour en venir à mieux comprendre et à mieux estimer à sa juste valeur l'amour sacrificiel de Christ, qui nous aidera à aimer Christ davantage.

Un moyen pratique pour raviver en vous la flamme de la prière en faveur d'une plus grande reconnaissance pour l'amour de Christ et d'un plus grand amour pour Christ consiste à chanter vos prières. On peut chanter en prière plusieurs cantiques et chants de louanges contemporains au sujet de l'amour de Christ, de l'amour pour Christ et de l'amour les uns pour les autres. Par exemple, on peut chanter le chant suivant comme une prière sollicitant plus d'amour pour Christ :

> L'amour de Dieu de loin surpasse
> Ce qu'en peut dire un cœur humain.
> Il est plus grand que les espaces,
> Même en l'abîme il nous atteint.

---

29. Norman Grubb, *C. T. Studd : Cricketer and Pioneer* (Fort Washington, Pennsylvanie : Christian Literature Crusade, 1933), p. 132. Le père de C. T. Studd s'est converti à Christ grâce à la prédication de D. L. Moody.
30. John R. W. Stott, *What Christ Thinks of the Church : An Exposition of Revelation 1-3* (Grand Rapids : Baker, 2003), p. 33.

Pour le péché de notre monde,
Dieu nous donna Jésus.
Il nous pardonne,
Ô paix profonde,
Il sauve les perdus.

L'amour de Dieu, si fort, si tendre,
Est un amour sans fin :
Tel est le chant que font entendre
Les anges et les saints.

Il est spirituellement énergisant de chanter l'amour de Christ ou de demander à Dieu d'augmenter notre amour. Pourquoi ne pas choisir plusieurs de vos chansons préférées portant sur l'amour pour Christ et l'amour de Christ envers nous et vous en servir comme prières et moyens de vous aider à mieux prier ? Le chant aide énormément à raviver une vie de prière. Vous ne tarderez pas à vous réjouir avec le psalmiste : « *[Dès]* le matin, je célébrerai ta bonté » (Ps 59.17) ; « Je chanterai toujours les bontés de l'Éternel » (Ps 89.2).

Priez pour aimer davantage les autres

L'amour n'est pas statique, mais dynamique. L'amour doit augmenter, non diminuer. Ainsi donc, Paul a prié particulièrement pour que les gens qu'il amenait à Christ ne fassent pas que grandir dans l'amour, mais aussi pour qu'ils abondent en amour les uns pour les autres et pour tous.

Et que le Seigneur fasse croître et abonder l'amour que vous avez les uns pour les autres, et pour tous, à l'exemple de celui que nous avons pour vous (1 Th 3.12).

Et ce que je demande [*à Dieu*] dans mes prières,
c'est que votre amour augmente de plus en plus
(Ph 1.9*a*).

Dans la même veine, Jude a également prié comme suit
pour ses lecteurs :

Que [...] et l'amour vous soient multipliés ! (Jud 2.)

Ces prières inspirées de l'Esprit sont de merveilleux
exemples pour nous-mêmes et les autres.

La vue d'un amour qui grandissait continuellement parmi
les croyants réjouissait le cœur de
Paul. L'Église nouvellement implantée
à Thessalonique brillait de tout son
amour chrétien. En fait, nous voyons
dans cette nouvelle Église un exemple
de *premier amour* à l'œuvre. Cependant,

> **Il « est de l'essence même de l'amour [...] de déborder. »**
> **– William Hendriksen**

Paul exhorte ces croyants aimants à exceller encore plus
dans leur amour : « Mais nous vous exhortons, frères, à
abonder toujours plus dans cet amour » (1 Th 4.10*b*). Dans
sa seconde épître aux Thessaloniciens, Paul reconnaît avec
joie que « l'amour de chacun *[d'eux]* tous à l'égard des autres
augmente de plus en plus » (2 Th 1.3).

Dans leur commentaire sur les épîtres aux Thessaloniciens,
W. E. Vine et C. F. Hogg nous rappellent ce qui suit :

Le chrétien ne doit pas se satisfaire de ses
réalisations, aussi grandes soient-elles, mais doit
plutôt toujours s'appliquer à se rapprocher de la
norme, qui est Christ[31].

Si la capacité d'aimer des croyants ne doit jamais cesser
de grandir, c'est parce que l'amour compte au nombre

---

31. C. F. Hogg et W. E. Vine, *The Epistles to the Thessalonians* (Fincastle,
Virginie : Bible Study Classics, s. d.), p. 123-124.

des éléments du fruit de l'Esprit et que le Saint-Esprit veut produire du fruit en abondance en eux (Ga 5.22). Il veut que nous aimions comme Christ a aimé. Dans l'Église d'Éphèse, toutefois, le fruit de l'amour était en train de se flétrir et de mourir. Les croyants étaient satisfaits d'eux-mêmes et complaisants dans leur amour les uns envers les autres. Lorsque les chrétiens cessent d'abonder en amour ou qu'ils croient aimer suffisamment, ils sont en train de devenir comme l'Église d'Éphèse. Leur amour ne grandit plus et ils ont cessé de porter le fruit de l'amour chrétien[32].

La croissance de l'amour ne se fait pas du jour au lendemain. J'ai entendu un jour un prédicateur de campagne raconter comment il avait découvert la capacité illimitée d'aimer. Lorsqu'il était au début de la vingtaine et encore très immature, sa femme et lui ont eu leur premier enfant. Il aimait tellement sa petite fille nouvellement née qu'il lui était impossible d'imaginer avoir un deuxième enfant. C'était un père on ne peut plus dévoué. Il avait toujours sa photo avec lui et la montrait à tout le monde. Il lui tardait de rentrer du travail pour voir sa fillette et la prendre dans ses bras. Il croyait ne jamais pouvoir aimer quelqu'un d'autre autant qu'il l'aimait, elle. Il croyait ne plus avoir d'amour à donner.

Au bout d'un certain temps, sa femme a suggéré qu'ils aient un autre enfant. Il a protesté, en lui disant : « Mais chérie, je n'ai plus d'amour à donner. J'ai déversé tout mon amour dans notre fillette. Ce serait impossible d'aimer encore ! »

Eh bien, sa femme a eu le dernier mot et, un an plus tard, ils ont eu un beau petit garçon. Le père n'a pas tardé à découvrir qu'il aimait son garçon autant que sa fille. Il aimait donc maintenant deux enfants autant l'un que l'autre.

---

32. Donald S. Whitney a raison de dire : « Si votre amour pour les autres grandit – surtout votre amour pour les chrétiens –, c'est que vous grandissez en tant que chrétien » (*Ten Questions to Diagnose Your Spiritual Health* [Colorado Springs : NavPress, 2001], p. 41).

Environ un an plus tard, sa femme lui a dit : « Nous devrions avoir un autre enfant. »

Il a protesté de nouveau : « Chérie, je n'ai plus d'amour en moi. J'aime ces deux enfants avec tout l'amour que j'ai. Je n'en ai plus à donner. »

Sa femme a eu le dernier mot et ils ont eu un troisième enfant, un autre garçon. À l'arrivée de leur troisième enfant, le père a découvert qu'il avait tout l'amour nécessaire. Il aimait son troisième enfant autant que les deux autres. Il a fini par comprendre que son amour ne s'épuiserait pas.

Il en va de même pour nous. En tant que croyants en Christ, en qui le Saint-Esprit habite, nous avons une immense capacité d'aimer tout le monde – même nos ennemis et ceux qui sont énervants ou désagréables. Nous avons le pouvoir d'aimer comme Jésus a aimé et de continuer d'abonder en amour durant toute notre vie. Le commentateur William Hendriksen affirme bien ce principe : Il « est de l'essence même de l'amour [...] de déborder[33]. »

Nous devons cependant tous admettre que la croissance de l'amour est un combat, comme l'indique Maurice Roberts : « Les meilleurs croyants trouvent leur progression lente et leurs réalisations médiocres[34]. » Voilà pourquoi nous devons prier sans cesse pour l'aide de Dieu. Paul dit d'ailleurs que les croyants de Thessalonique avaient « *[eux]*-mêmes appris de Dieu à *[s'aimer]* les uns les autres » (1 Th 4.9). La source même de l'amour est également le meilleur de tous les enseignants de l'amour ; celui-ci a confié à son Esprit l'œuvre incomparable d'inspirer et de susciter l'amour en nous[35].

---

33. William Hendriksen, *Colossians and Philemon*, NTC (Grand Rapids : Baker, 1964), p. 158).
34. Maurice Roberts, « The Supreme Grace of Christian Love » *The Banner of Truth* (février, 1989), p. 3.
35. Ro 5.5 ; 15.30 ; Ga 5.22.

Ainsi donc, votre amour grandit-il et déborde-t-il ? Ou encore, diminue-t-il et se meurt-il ? Plus nous découvrons à quel point nous sommes d'un égoïsme invétéré et pervers, plus nous découvrons la nécessité de demander à Dieu de nous aider à aimer. Mieux nous comprenons les exigences de Dieu en matière d'amour, plus nous prenons conscience de la nécessité de prier afin d'apprendre à obéir à Christ à cœur joie. Mieux nous voyons combien l'amour, pour Christ et pour les autres, nous fait défaut, mieux nous reconnaissons la nécessité de prier afin d'obtenir plus d'amour. Demandez à Dieu de vous enseigner sa façon d'aimer. Demandez-lui de faire grandir votre amour et de le rendre plus abondant. Demandez-le-lui et continuez de le lui demander !

Notre combat contre une vie d'égocentrisme exige de constantes confessions et prières. La prière est l'un des moyens clés par lesquels Dieu œuvre en nous et accomplit ses desseins dans notre vie. Ce n'est que par la prière et la grâce du Seigneur qu'il sera possible à notre amour de croître et d'abonder et que nous pourrons triompher d'une vie égocentrique. Laissons les paroles solennelles de Maurice Roberts résonner à nos oreilles et nous pousser à prier :

> Que chaque chrétien endosse la responsabilité d'aimer de l'amour chrétien avec le plus grand sérieux du monde. L'œuvre de notre vie doit consister à supplier Dieu de nous aider à obéir au grand commandement de nous aimer les uns les autres[36].

La prière fortifie les relations empreintes d'amour

La communication est essentielle dans toute bonne relation. Nous recherchons la compagnie des gens que nous aimons et nous nous plaisons à nous entretenir avec eux. Par contraste,

---

36. Roberts, « The Supreme Grace of Christian Love », p. 4.

la distance et les communications peu fréquentes nuisent aux relations. Or, cela s'avère exact non seulement dans nos relations humaines, mais aussi dans notre relation d'amour avec Dieu.

Nul n'a connu de relation plus intime avec Dieu que Jésus-Christ, cet homme essentiellement de prière. De même, le temps que nous passons en prière fortifie notre relation d'amour avec notre Père céleste. Par la prière, nous nous approchons de Dieu et nous entrons en sa présence, ce qu'il désire le

> *Je ne saurais trop vous encourager à faire de la prière en faveur de l'amour une partie intégrante de votre vie de prière.*

plus (Hé 4.16 ; 10.19). Ainsi donc, si vous voulez voir grandir votre relation d'amour avec Dieu, vous devez rechercher sa présence, chanter ses louanges, lire sa Parole et interagir avec lui par la prière.

L'amour pour Dieu rejaillit naturellement sur les autres. Une des façons par lesquelles nous exprimons notre amour pour les autres consiste à offrir des prières d'intercession. Paul aimait les gens qu'il conduisait à Christ et priait pour eux jour et nuit. Jésus aimait ses disciples et priait pour eux (Jn 17). Encore aujourd'hui, il continue de prier pour son peuple[37]. La Bible nous dit que nous devons exprimer notre amour pour nos ennemis en priant pour eux (Mt 5.44). Ainsi donc, la prière est un geste d'« amour sans hypocrisie » (Ro 12.9,12). La personne dont l'amour grandit est celle qui prie Dieu pour que celui-ci comble les besoins des autres et la personne qui intercède voit son amour grandir.

Je ne saurais trop vous encourager à faire de la prière en faveur de l'amour une partie intégrante de votre vie de prière. Priez pour améliorer votre connaissance de l'amour de Dieu en Christ. Priez pour en venir à aimer les autres davantage.

---

37. Ro 8.34 ; Hé 7.25 ; 1 Jn 2.1.

Priez avec les autres pour que l'amour abonde parmi vous. Durant vos réunions de prière de l'Église ou dans vos études de groupe, priez afin d'aimer plus Christ et notre monde perdu et en proie à la souffrance. Pendant que vous priez, « que le Seigneur fasse croître et abonder l'amour que vous avez les uns pour les autres, et pour tous » (1 Th 3.12).

Chapitre trois

Enseignez l'amour

*D*urant son ministère d'enseignement public sur la terre, Christ a enseigné à ses disciples de nouvelles vérités passionnantes au sujet de l'amour[38]. Et durant ses dernières heures de vie, au cours de son dernier repas pascal, Jésus a donné certains de ses enseignements les plus profonds sur l'amour[39]. Il savait que, si les disciples devaient survivre sans lui et bien le représenter dans le monde, ils devaient apprendre à s'aimer les uns les autres comme il les avait aimés.

Suivant l'exemple de leur Seigneur, les apôtres ont jugé nécessaire d'apporter aux premières Églises des enseignements et des exhortations dans le domaine de l'amour. Ils

---

38. Mt 5.43-48 ; 6.24 ; 10.37,38 ; 22.34-40 ; Mc 12.28-34 ; Lu 6.27-36 ; 10.25-42 ; Jn 13 – 17.
39. Le substantif « amour » (*agapê*) et le verbe « aimer » (*agapaô*) apparaissent trente-trois fois dans le discours d'adieu de Christ (Jn 13 – 17). Par contraste, ces mots apparaissent douze fois dans Jean 1 – 12.

ont prié avec ferveur pour les gens qu'ils amenaient à Christ afin que l'amour de ceux-ci grandisse et ils leur ont enseigné avec zèle à vivre une vie d'amour façonnée par l'amour de Christ (Ép 5.2). Ainsi donc, les épîtres du Nouveau Testament abondent en instructions inspirantes au sujet de l'amour et d'exhortations stimulantes à aimer.

Les croyants d'aujourd'hui ont encore besoin qu'on leur enseigne à aimer. Comme c'était le cas à l'époque néotestamentaire, nous avons besoin qu'on nous rappelle souvent les principes bibliques relatifs à l'amour. Nous devons nous passionner pour l'enseignement de tout le conseil de Dieu au sujet de l'amour et pour l'obéissance à cet enseignement. Nous devons nous faire exhorter à mettre l'amour en pratique, au lieu de simplement en parler. Nous devons recevoir des enseignements sur les principaux passages du Nouveau Testament portant sur l'amour[40]. De tels enseignements bibliques au sujet de l'amour auraient pour effet de beaucoup approfondir l'amour exprimé dans nos Églises locales. À cette fin, je vous exhorte à considérer les sujets suivants relatifs à l'amour que nous devons enseigner pour faire grandir l'amour dans nos Églises.

Quinze descriptions de l'amour

Les gens chantent souvent au sujet de l'amour et en parlent sans jamais décrire ce qu'ils entendent par le mot « amour ». Parmi les chansons les plus populaires des années 1960 se trouve celle des Beatles intitulée *All You Need Is Love*. Le mot « love » (amour ou aimer) revient trente-neuf fois dans la chanson et l'expression « all you need is love » (tout ce dont on a besoin, c'est l'amour) revient douze fois. Cette chanson accrocheuse véhicule un message : nous avons tous besoin

---

40. Mt 5.43-48 ; 22.34-40 ; Jn 13.34,35 ; 1 Co 12.31 – 13.13 ; Ro 8.35-39 ; 12.9-21 ; 13.8-10 ; 14.15 ; Ép 3.18,19 ; 5.1,2,25 ; 1 Jn 3.16-18 ; 4.7 – 5.3 ; Ap 2.4.

d'amour. L'ennui, c'est qu'elle ne nous dit ni ce qu'est l'amour, ni en quoi il nous est nécessaire. Dans la Bible, par contre, Dieu nous dit la vérité au sujet de l'amour, et c'est précisément ce que l'on doit enseigner aux gens.

À une époque où très peu de gens connaissent la Bible, on doit transmettre aux croyants en Christ la vérité au sujet de l'amour. Il faut enseigner à ces croyants les quinze descriptions de l'amour contenues dans 1 Corinthiens 13, le formidable chapitre de l'amour du Nouveau Testament. Récemment de passage dans un autre pays, j'y ai apporté plusieurs prédications sur 1 Corinthiens 13.4-7. À la fin de mon dernier message, un vieil homme ayant compté parmi les principaux prédicateurs de ce pays pendant de nombreuses années est venu me dire qu'il n'avait jamais entendu auparavant de série de sermons portant sur les quinze descriptions de l'amour. Compte tenu de l'importance capitale de l'amour et de la nécessité de savoir ce qu'est l'amour, il regrettait terriblement que les prédicateurs, y compris lui-même, négligent autant d'apporter des enseignements sur le sujet.

Dieu n'a toutefois pas négligé l'importance d'apporter des enseignements sur l'amour. Bien que la Bible ne fournisse pas de définition officielle du mot « amour » telle qu'on en trouve dans le dictionnaire, elle décrit en détail ce que l'amour fait et ne fait pas (1 Co 13.4-7). À titre de description de l'amour, elle nous fournit également l'exemple de l'amour entier et sacrificiel que Christ porte aux autres et de son obéissance empreinte d'amour envers le Père.

Les descriptions de l'amour contenues dans 1 Corinthiens 13 nous présentent une norme d'amour objective. La norme scripturaire de l'amour met à l'épreuve nos notions d'amour et nous instruit quant à la voie à suivre pour user d'amour dans notre mariage, notre Église et notre société. Les quinze principes d'amour scripturaires peuvent se résumer ainsi :

L'amour est :

1. patient ;
2. plein de bonté.

L'amour n'est pas :

3. envieux ;
4. vantard ;
5. arrogant ;
6. malhonnête ;
7. intéressé ;
8. irritable ;
9. suspicieux ;
10. heureux de l'injustice, mais...
11. se réjouit plutôt de la vérité.

> **La contrepartie positive :**
>
> Se réjouit des bénédictions d'autrui
> Fait la promotion et l'éloge d'autrui
> Est humble et modeste
> Favorise la bienséance
> Se préoccupe du bien d'autrui
> Est calme et lent à la colère
> Pardonne

L'amour :

12. excuse tout ;
13. croit tout ;
14. espère tout ;
15. supporte tout.

Il est d'une telle importance de comprendre et de mettre en pratique les principes d'amour que, chaque fois que je célèbre un mariage, lors de la cérémonie, je prescris au nouveau couple un devoir à faire ! Je leur demande d'étudier les quinze descriptions de l'amour au cours des quinze premières semaines de leur mariage, en consacrant une semaine à chaque description. Tout au long de cette semaine, le couple doit les étudier, les mémoriser, les méditer et discuter des moyens pratiques d'implanter chaque caractéristique positive de l'amour et d'en éviter les caractéristiques négatives (les vices découlant de l'égoïsme). Ce devoir, qui a pour effet d'approfondir la compréhension du véritable amour biblique, tout le monde – marié ou célibataire – aurait intérêt à le faire.

L'amour dans la vie chrétienne

Étant donné que notre société rend un culte à la réalisation de soi, à l'individualisme radical, à la liberté, aux droits personnels et au droit à la vie privée, il est primordial que nous enseignions que le devoir suprême du croyant consiste à aimer Dieu par-dessus tout. Les croyants ont besoin d'une direction pratique et biblique quant à l'expression de l'amour pour Dieu et à la manière dont nous sommes censés aimer. Nous devons connaître le lien inséparable qui existe entre l'amour pour Dieu et l'obéissance à Dieu en réponse à son amour[41].

> *L'amour pour Dieu se mesure et se prouve par une obéissance complète et inconditionnelle. [...] L'amour pour notre prochain se mesure et se prouve par le fait de donner notre vie pour lui.*
>
> **– J. I. Packer**

Il faut enseigner aux croyants que la vie chrétienne doit se caractériser par l'amour entier et sacrificiel de Christ : « *[Et]* marchez dans l'amour, à l'exemple de Christ, qui nous a aimés, et qui s'est livré lui-même à Dieu pour nous » (Ép 5.2*a*). Notre marche quotidienne dans l'amour doit s'inspirer de l'amour sacrificiel et coûteux que Christ nous porte à tous : « Nous avons connu l'amour, en ce qu'il a donné sa vie pour nous ; nous aussi, nous devons donner notre vie pour les frères » (1 Jn 3.16).

Il vaut la peine de rappeler la compréhension que John Eadie avait de la marche dans l'amour :

> « Marcher dans l'amour. » Chaque pas doit se caractériser par l'amour. Tout le cours et tout le déroulement de la vie doivent se caractériser par l'amour – non seulement le jour du sabbat, mais

---

41. Ex 20.6 ; De 10.12,13 ; 11.1,13,22 ; 19.9 ; 30.16,19,20 ; Jn 14.15,21,31 ; 15.10 ; 1 Jn 2.5 ; 5.3 ; 2 Jn 6.

aussi tous les jours ; non seulement à l'église, mais
aussi à la maison, à l'atelier [...][42].

Et Benjamin B. Warfield rend de manière succincte la
vérité profonde relative à la vie chrétienne vécue dans l'amour
en écrivant : « L'amour sacrificiel est donc l'essence même de
la vie chrétienne[43] ».

La vie chrétienne devrait donc se caractériser par l'obéissance à la Parole de Dieu et le service sacrificiel et coûteux
en faveur du bien d'autrui. J. I. Packer offre un merveilleux
résumé de l'amour et de la vie chrétienne :

> L'amour pour Dieu se mesure et se prouve par
> une obéissance complète et inconditionnelle.
> [...] L'amour pour notre prochain se mesure et se
> prouve par le fait de donner notre vie pour lui. [...]
> Cet amour sacrificiel inclut le fait de se donner, de
> s'investir et de s'appauvrir le plus possible pour
> leur bien[44].

Voilà le genre de vie chrétienne que Dieu veut nous voir
vivre. Il s'agit d'imiter notre Père céleste et donc de prendre
exemple sur l'amour de son Fils :

> Devenez donc les imitateurs de Dieu, comme des
> enfants bien-aimés ; et marchez dans l'amour,
> à l'exemple de Christ, qui nous a aimés, et qui
> s'est livré lui-même à Dieu pour nous comme une
> offrande et un sacrifice de bonne odeur (Ép 5.1,2).

---

42. John Eadie, *Divine Love : A Series of Doctrinal, Practical and Experimental Discourses* (1856 ; Birmingham, Alabama : Solid Ground Christian Books, 2005), p. 273.
43. Benjamin Breckenridge Warfield, « The Emotional Life of Our Lord », dans *The Person and Work of Christ* (Philadelphie : Presbyterian and Reformed, 1950), p. 64.
44. J. I. Packer, *Concise Theology* (Wheaton : Tyndale, 1993), p. 181-182.

L'amour au sein d'un foyer chrétien

Étant donné que les familles chrétiennes divorcent et éclatent en plus grand nombre que jamais auparavant, nous devons enseigner la centralité de l'amour sacrificiel et coûteux dans le mariage et le foyer chrétiens. L'Écriture demande aux maris d'aimer leur « femme, comme Christ a aimé l'Église, et s'est livré lui-même pour elle » (Ép 5.25 ; Col 3.19) et aux femmes plus âgées « d'apprendre aux jeunes femmes à aimer leur mari et leurs enfants » (Tit 2.4). Nous devons clairement enseigner que la norme d'amour que Dieu a établie pour les maris chrétiens n'est rien de moins que l'amour entier et sacrificiel de Christ. *Ainsi donc, le foyer chrétien devrait se caractériser par l'amour désintéressé et empreint de bonté de Christ – un amour manifeste chez le mari.*

Deux missionnaires se sont rendus dans une église située sur une île isolée du Pacifique afin d'apporter des enseignements et des encouragements aux croyants de l'endroit. À l'arrivée des missionnaires, les anciens de l'Église locale leur ont demandé de prêcher au sujet de la soumission et de la tenue vestimentaire convenant aux femmes. Connaissant bien ces gens, les missionnaires leur ont répondu plutôt : « Nous allons enseigner aux hommes à aimer leurs femmes comme Christ a aimé l'Église, d'un amour sacrificiel et en donnant sa vie pour elle. »

Bien que les anciens n'aient pas vu d'emblée la nécessité de tels enseignements, ils ont fait confiance au jugement des missionnaires et n'ont pas tardé à comprendre combien il était sage de leur part d'enseigner d'abord aux hommes à aimer leur femme comme Christ, qui a aimé l'Église d'un amour sacrificiel et qui a donné sa vie pour elle. L'égoïsme des hommes (qu'il s'exprime par la domination ou la passivité dans un mariage) est souvent le plus grand problème qu'un couple rencontre dans la relation conjugale. Ainsi donc, selon les desseins de Dieu, lorsque l'amour altruiste et sacrificiel de

Christ se manifeste dans la relation du mari avec sa femme, l'atmosphère s'assainit et les choses rentrent dans l'ordre.

Le mariage procure des occasions de mettre quoti-diennement en pratique la culture d'un amour semblable à celui de Christ (Ép 5.25-33). Cette mise en pratique expose notre égocentrisme déplorable et notre besoin désespéré de laisser grandir l'amour de Christ en nous. Le foyer est le meilleur lieu où mettre à l'épreuve le genre d'amour que décrit 1 Corinthiens 13.4-7. La situation est tragique lorsque certains croyants en Christ manifestent un amour débordant à l'église ou dans le quartier, mais négligent d'exprimer le même amour envers leur mari, leur femme ou leurs enfants. Cela ne devrait pas être. L'amour commence à la maison. Par conséquent, je vous encourage à faire ce que certains maris et femmes ont fait (avec succès, d'ailleurs) : prier précisément afin de démontrer plus d'amour chrétien à votre mari, à votre femme ou à vos enfants.

> *L'Église locale est véritablement « un atelier spirituel consacré à la croissance de l'amour agape ».*
>
> **– Paul E. Billheimer**

L'amour au sein de la famille spirituelle

L'Église locale est une famille que Dieu a créée au sein de laquelle nous apprenons à aimer comme Christ a aimé. L'Église locale doit être une famille unie, composée de frères et de sœurs entièrement déterminés à manifester l'amour de Dieu en s'aimant les uns les autres et en prenant soin les uns des autres. La norme d'amour que Dieu a établie pour l'Église locale s'explique le mieux par le verset suivant : « Nous avons connu l'amour, en ce qu'il a donné sa vie pour nous ; nous aussi, nous devons donner notre vie pour les frères » (1 Jn 3.16).

Les croyants en Christ ne peuvent s'encourager les uns les autres à aimer s'ils ne se réunissent pas souvent en tant que famille spirituelle. Voilà pourquoi l'auteur de l'épître aux Hébreux exhorte ses lecteurs à réfléchir de manière créative aux moyens de s'« exciter à l'amour » les uns les autres[45] et leur fait la mise en garde suivante : « N'abandonnons pas notre assemblée, comme c'est la coutume de quelques-uns » (Hé 10.25). Notre croissance dans l'amour ne se résume pas à un exercice individuel. L'amour exige à la fois un sujet et un objet ; ainsi donc, l'amour constitue une expérience d'apprentissage collectif. Notre amour croît lorsque nous interagissons avec les autres, et non lorsque nous nous isolons.

L'amour des chrétiens ne peut grandir si ces derniers vivent en vase clos, se contentant d'écouter les prédicateurs à la télévision ou de fréquenter l'Église une seule fois par semaine pendant un culte collectif d'une heure. Ce n'est que par la participation à la vie de « la maison de Dieu », l'Église locale (1 Ti 3.15), avec toutes ses faiblesses et tous ses défauts, que l'amour s'enseigne, se donne en exemple, s'apprend, est mis à l'épreuve, s'exerce et mûrit. C'est en interagissant avec des gens difficiles, en vivant de pénibles conflits, en pardonnant les blessures et les injustices, en rétablissant les relations brisées et en venant en aide aux gens dans le besoin que notre amour est mis à l'épreuve et mûrit.

Personne ne peut voir son amour grandir sans vivre le stress et les contraintes de la vie avec les autres au sein de la maison de Dieu, l'Église locale. L'Église locale est véritablement « un atelier spirituel consacré à la croissance de l'amour *agape* » et « l'un des meilleurs laboratoires dans lesquels les croyants individuels peuvent découvrir leur

---

45. Commentant Hébreux 10.24, Donald Guthrie écrit : « Ce verset semble suggérer que le fait de s'aimer les uns les autres ne se produira pas comme par enchantement. Il faut y travailler, voire le provoquer, comme il en va des bonnes œuvres » (*The Letter to the Hebrews*, TNTC [Grand Rapids : Eerdmans, 1983], p. 215).

véritable vide spirituel et commencer à voir grandir leur amour *agape*[46] ». Si vous n'êtes pas membre actif d'une Église locale, vous ne fréquentez pas l'école de l'amour de Dieu.

L'amour et le Corps de Christ qu'est l'Église locale

Il est également nécessaire d'enseigner aux croyants en Christ que la croissance de l'amour au sein de l'Église (ou sa disparition du milieu d'elle) ne relève pas uniquement des autorités de l'Église ; elle relève également de chacun des membres de la famille qu'est l'Église locale. En écrivant : « Veillons les uns sur les autres, pour nous exciter à l'amour et aux bonnes œuvres » (Hé 10.24), l'auteur de l'épître aux Hébreux s'adresse à l'ensemble de la collectivité des croyants. En fait, tous les commandements bibliques selon lesquels nous devons nous aimer les uns les autres s'adressent à toute la congrégation, et non uniquement aux dirigeants. Selon la perspective des auteurs néotestamentaires, tout membre de la congrégation est responsable d'encourager les autres, de prier pour eux, de les exhorter, d'être à leur service, de les réprimander, de leur enseigner, de les édifier, d'en prendre soin et de les aimer[47]. En effet, l'Écriture nous enseigne que tous les croyants en Christ sont des sacrificateurs, des saints et des serviteurs de Dieu.

> « Ma mission consiste à aimer les autres, et non à me faire aimer des autres. »
> – Robert Chapman

Pour rendre possible cette tâche décourageante, Dieu a donné à chaque croyant individuel un don spirituel à faire fructifier pour édifier le Corps de Christ[48]. Par son

---

46. Paul E. Billheimer, *L'Amour Comble les Fossés* (Nashville, Tennessee : Vida, 1990 ; traduction libre).
47. 1 Co 12.25 ; Ro 15.14 ; Ga 5.13 ; Col 3.16 ; 1 Th 4.18 ; 5.11 ; Hé 3.13 ; 10.24,25 ; Ja 5.16 ; 1 Pi 4.10 ; 1 Jn 4.7.
48. Ro 12.6-8 ; 1 Co 12.1-31 ; 14.1-40 ; Ép 4.7-16 ; 1 Pi 4.10,11.

pouvoir, Christ rend chaque membre apte à servir le Corps de Christ, et chacun a un rôle à jouer dans la vie de ce Corps. L'Église ne peut grandir correctement que si chaque membre contribue activement à la croissance du Corps en y jouant le rôle que Dieu lui a imparti. Ainsi donc, toute la congrégation participe au processus d'édification de l'Église.

Toutefois, comme l'Écriture l'indique on ne peut plus clairement, tous les dons et tous les services au sein du Corps de Christ doivent être exercés « dans l'amour » afin que l'Église connaisse une croissance saine (Ép 4.16)[49]. L'amour est donc un élément indispensable de tout don, de toute œuvre et de toute relation des croyants au sein du Corps de Christ. N'attendez donc pas que les gens qui vous entourent vous aiment ; mettez-vous plutôt à aimer et à servir les autres. Je vous exhorte à suivre l'exemple de Robert Cleaver Chapman, qui a dit : « Ma mission consiste à aimer les autres, et non à me faire aimer des autres[50]. » Mettez en pratique le principe d'amour selon lequel « *[tout]* ce que vous voulez que les hommes fassent pour vous, faites-le de même pour eux » (Mt 7.12*a*). Ne négligez pas la responsabilité que vous avez d'aimer et de vous exciter les uns les autres à l'amour.

---

49. Commentant Éphésiens 4.16, Peter T. O'Brien dit : « Il est évident que tout le Corps participe à ce processus d'édification [de l'Église], et non simplement ceux qui font partie du leadership ou qui exercent des ministères particuliers. [...] La «collectivité dotée de dons spirituels ne se distingue pas uniquement par sa possession de tous les dons par lesquels l'énergie divine coule, mais elle se reconnaît aussi à sa nature divine». L'amour devient ainsi le critère par lequel on peut évaluer la vraie croissance de l'Église. Même la plus grande manifestation des dons spirituels est sans la moindre valeur spirituelle si elle est dépourvue d'amour (voir 1 Co 13) » (*The Letter to the Ephesians*, PNTC [Grand Rapids : Eerdmans, 1999], p. 316).
50. Robert L. Peterson et Alexander Strauch, *Agape Leadership : Lessons in Spiritual Leadership from the Life of R. C. Chapman* (Littleton, Colorado : Lewis and Roth, 1991), p. 21.

Aimez tout le monde

Beaucoup de chrétiens font l'erreur de se considérer eux-mêmes comme des personnes aimantes simplement parce qu'ils aiment leurs amis chrétiens et leurs proches. Ils aiment ceux qui sont du même avis qu'eux et qui font partie de leur cercle religieux, mais si quelqu'un n'est pas d'accord avec eux ou quitte leur Église, ils cessent de l'aimer et se tournent contre lui. Voici comment Jonathan Edwards décrit de tels chrétiens :

> Ils sont remplis d'affection pour certains, et remplis d'amertume envers d'autres. Ils sont unis aux leurs, à ceux qui les approuvent, qui les aiment et qui les admirent, mais ils s'opposent farouchement à ceux qui leur tiennent tête et qui les ont pris en grippe[51].

Ce genre d'amour n'est pas l'amour chrétien. Jésus a enseigné que le fait d'aimer ceux qui nous aiment n'a rien d'extraordinaire. Il est naturel d'aimer ceux qui sont amicaux et agréables envers nous, mais Jésus nous dit :

> Si vous aimez ceux qui vous aiment, quel gré vous en saura-t-on ? Les pécheurs aussi aiment ceux qui les aiment (Lu 6.32).

> Si vous aimez ceux qui vous aiment, quelle récompense méritez-vous ? Les publicains n'agissent-ils pas de même ? Et si vous saluez seulement vos frères, que faites-vous d'extraordinaire ? Les païens n'agissent-ils pas de même ? (Mt 5.46,47.)

---

51. Jonathan Edwards, "Religious Affections", éd. John E. Smith, dans *The Works of Jonathan Edwards*, éd., Perry Miller (New Haven : Yale, 1959), p. 146.

Christ exige de ses disciples un amour surnaturel et divin qui les pousse au pardon, à la réconciliation et à la tolérance – envers les gens désagréables, ceux qui nous persécutent, qui nous haïssent, qui ne font pas partie de notre cercle d'amis de l'Église, qui ne partagent pas nos opinions et tous les gens du monde. Il s'agit de l'amour que notre Père céleste manifeste, l'amour que Jésus nous exhorte à imiter.

Planifiez d'enseigner les principes d'amour de Dieu

Il est essentiel d'éduquer les gens au sujet de l'amour pour que leur amour grandisse et qu'il transforme leurs attitudes et leurs comportements. Si vous voulez que votre Église locale devienne chaleureuse et semblable à Christ, vous devez planifier d'enseigner tout l'éventail des principes d'amour de Dieu. Si vous voulez communiquer à votre Église la vision d'une congrégation qui ressemble à Christ et qui aime comme il aime, parlez souvent d'amour. Faites des mises en garde contre les dangers de l'amour qui se refroidit. Enseignez la vérité de la Parole de Dieu et communiquez aux gens les principes d'amour à suivre.

Quelqu'un ou un groupe de personnes dans l'Église doit prendre la responsabilité de planifier l'enseignement des principes bibliques relatifs à l'amour, sans quoi cela ne se fera pas. Pour concrétiser ces enseignements, une certaine Église a consacré quatre mois d'été à enseigner au sujet de l'amour. Elle a intitulé son programme « Un été d'amour » et s'en est servie pour enseigner les principaux passages du Nouveau Testament portant sur l'amour. Elle a consacré un mois entier à l'enseignement de 1 Corinthiens 13.4-7. À mesure que les gens répondaient aux enseignements de la Parole de Dieu, l'atmosphère de l'Église s'est mise à changer. Quelle merveille que d'être le témoin du renouveau de l'amour au sein d'une Église ! Puissions-nous être fidèles à l'exemple de Christ et des apôtres et continuer d'enseigner la « voie par excellence » de l'amour (1 Co 12.31).

Chapitre quatre

Servez d'exemple d'amour

*N*otre Seigneur n'était pas un théologien abstrait qui se contentait de rester assis dans une salle de classe à pontifier sur les nobles vertus de l'amour. Au lieu de cela, Jésus « allait de lieu en lieu faisant du bien » (Ac 10.38). Il guérissait les malades, il nourrissait les multitudes et il prêchait l'Évangile aux pauvres. Il se répandait en gestes de bonté et en œuvres de compassion envers les gens dans le besoin. En toute situation, il a vécu une vie empreinte d'amour et en a donné l'exemple. Et après avoir lavé les pieds des disciples avec humilité et amour, Jésus a dit : « *[Car]* je vous ai donné un exemple, afin que vous fassiez comme je vous ai fait » (Jn 13.15).

> *« Soyez mes imitateurs, comme je le suis moi-même de Christ »*

Dieu nous a conçus de manière à ce que, depuis l'enfance jusqu'à la vie d'adulte, nous imitions les autres (peut-être plus que nous voudrions l'admettre !). Étant donné que l'imitation des autres constitue un moyen fondamental par lequel nous apprenons, il importe non seulement que nous enseignions ce que la Bible nous apprend au sujet de l'amour, mais aussi que nous en donnions l'exemple. Voilà pourquoi les apôtres ont imité l'amour de Christ et Paul appelle tous les croyants en Christ à « *[devenir]* les imitateurs de Dieu » et à vivre une vie empreinte d'amour comme son Fils, Jésus-Christ, l'a fait (Ép 5.1,2).

Nous favorisons la croissance de l'amour chez les autres par notre exemple, et nous en apprenons le plus au sujet de l'amour en le voyant en action dans la vie des gens. Paul, par exemple, a procuré à l'Église de Corinthe un exemple de l'amour de Christ qu'elle avait vraiment besoin de voir et d'imiter[52]. C'est pourquoi – sans orgueil ni vantardise – il a pu exhorter les croyants de Corinthe comme suit : « Soyez mes imitateurs, comme je le suis moi-même de Christ » (1 Co 11.1). C'est également pour cette raison que Paul loue Timothée de ce qu'il a suivi son exemple d'amour (2 Ti 3.10) et lui enjoint d'être un exemple d'amour pour les autres (1 Ti 4.12).

Sachant que nous avons besoin de bons exemples à suivre, Dieu nous fournit dans sa Parole plusieurs exemples dont nous pouvons nous inspirer pour apprendre à vivre une vie empreinte d'amour. Parmi ces exemples se trouve le roi David.

Un exemple biblique à suivre en matière d'amour

Lorsqu'un nouveau président ou premier ministre entre en fonction, les premières paroles qu'il prononce et les premiers gestes qu'il pose en public deviennent les symboles des priorités et des intentions du nouveau gouvernement. Dans un certain pays, par exemple, la première déclaration du premier ministre nouvellement élu a pris la forme d'une promesse de

---

52. Voir aussi 1 Co 4.6,16,17 ; 7.7 ; Ga 4.12 ; Ph 3.17 ; 4.9 ; 1 Th 1.6 ; 2 Th 3.6-9.

protéger le droit à l'avortement, alors que dans un autre, un nouveau chef d'État a prié pour la nation. Dans une Église, un pasteur a promis dans son premier sermon dominical d'obtenir le meilleur pasteur de jeunesse que l'Église pouvait se permettre d'engager, alors que le pasteur d'une autre Église a fait porter son premier sermon sur la croix de Christ et qu'il a amené la congrégation à célébrer la sainte Cène. Dans chacun des cas, ces nouveaux leaders ont révélé leurs priorités et leurs intentions en posant leurs premiers gestes publics et en faisant leurs premières déclarations publiques.

Dans l'Ancien Testament, le roi David se distingue comme étant un exemple d'amour pour Dieu. Quel a été l'un des premiers gestes qu'il a posés ? Peu après être devenu roi d'Israël (2 S 5.1-5), il a fait bâtir une demeure pour accueillir l'arche de l'Éternel à Jérusalem[53]. David, conjointement avec des dizaines de milliers d'adorateurs, de sacrificateurs et de Lévites, célébrait en déménageant l'arche de l'Éternel à Jérusalem. À ce sujet, nous lisons :

> Tout Israël fit monter l'arche de l'alliance de l'Éternel avec des cris de joie, au son des clairons, des trompettes et des cymbales, et en faisant retentir les luths et les harpes. Comme l'arche de l'alliance de l'Éternel entrait dans la cité de David [...] le roi David *[sautait]* et *[dansait]* [...] (1 Ch 15.28,29 ; 2 S 6.13,14).

Par son geste initial, consistant à déménager l'arche à Jérusalem, David a démontré que ses plus grandes priorités étaient d'aimer Dieu, d'adorer Dieu et de s'attacher à la loi de Dieu.

L'arche de l'Éternel était l'objet le plus sacré dont Israël se servait pour adorer son Dieu. Elle symbolisait la présence de

---

53. 2 S 5.6-9 ; 6.1-15 ; 1 Ch 13.1-6.

l'Éternel (*Yahvé*), le Dieu d'Israël. Pendant près de cent ans, le peuple avait grandement négligé l'arche. Saül, le premier roi d'Israël, en avait fait peu de cas, ainsi que de la santé spirituelle de la nation (1 Ch 13.3). Cependant, lorsque David a accédé au trône, il a ardemment désiré que la présence de Dieu soit au cœur de la vie de la nation et que son peuple accorde la priorité à l'adoration de l'Éternel. Par conséquent, David a voulu que l'arche ait sa demeure permanente à Jérusalem.

Non seulement David a-t-il fait transporter l'arche à Jérusalem, mais aussi il a rempli la ville de musique et de chants de louanges. Il a rétabli les sacrificateurs et les Lévites, qu'il a tous mis à l'œuvre au service et à l'adoration de l'Éternel. Il a nommé pour le temple des musiciens et des chanteurs chargés de « faire retentir [*des*] sons éclatants en signe de réjouissance » (1 Ch 15.16). La ville vibrait littéralement au son des louanges rendues à Dieu (1 Ch 15 – 16). L'exemple d'amour pour Dieu de David a engendré une réforme, un réveil et un renouveau spirituels parmi le peuple d'Israël.

David a également exprimé son amour par plusieurs poèmes et cantiques d'adoration qu'il a adressés à Dieu. Ses louanges sont joyeuses et exubérantes. Ses psaumes ne sont pas que des réflexions privées ; ils lui sont inspirés par le Saint-Esprit pour aider le peuple à adorer Dieu en privé et en public, par des vers et des chants. La vie et les psaumes de David procurent une inspiration et un enrichissement qui favorisent un amour plus profond pour Dieu.

Les biographies chrétiennes

En plus de suivre l'exemple des héros de la foi de l'Écriture (Hé 11), nous pouvons cultiver l'amour en lisant des biographies chrétiennes. Il y a au cœur des biographies chrétiennes un message d'amour pour Dieu et pour tous. Ainsi donc, un bon moyen de cultiver l'amour consiste à lire et à faire lire de bonnes biographies chrétiennes, surtout aux jeunes.

Adolescent, j'ai travaillé dans un camp biblique d'été où on m'a demandé de lire certaines biographies. Les deux premières portaient sur Hudson Taylor, fondateur de la China Inland Mission (maintenant appelée Overseas Missionary Fellowship), et George Müller, fondateur de l'orphelinat Ashley Down à Bristol, en Angleterre[54]. J'ai encore en mémoire l'entière consécration à Dieu, la passion pour les âmes perdues et la vie sacrificielle de ces deux hommes, qui sont des témoignages vivants de l'amour chrétien. Leur exemple a exercé une influence puissante non seulement dans ma vie, mais aussi dans celle d'autres personnes. J'ai découvert à mon grand étonnement combien d'hommes et de femmes de Dieu influents ont été transformés par la lecture des biographies de Müller et de Taylor – des gens comme Amy Carmichael, Jim Elliot, Luis Palau, Billy et Ruth Graham, Francis et Edith Schaeffer.

Deux autres biographies ont particulièrement influencé ma conception de l'amour : *L'Abri* et *Brother Indeed*.

L'Abri raconte l'histoire de Francis et Edith Schaeffer, qui ont ouvert leur foyer du village de Huemoz dans les Alpes suisses aux étudiants et aux gens troublés de partout dans le monde qui cherchaient des réponses aux grandes questions philosophiques et théologiques de la vie[55]. Les

---

54. Pour obtenir une biographie actualisée, voir Roger Steer, *George Müller : Delighted in God* (1975 ; éd. réimpr., Fearn, Écosse : Christian Focus, 1997). Roger Steer, *J. Hudson Taylor : A Man in Christ* (Wheaton : Harold Shaw, 1993). L'historien ecclésiastique Kenneth Scott Latourette écrit : « Hudson Taylor était [...] l'un des plus grands missionnaires de tous les temps, et [...] l'un des quatre ou cinq étrangers les plus influents à être allés en Chine au XIXᵉ siècle pour une raison ou pour une autre [...] » (*A History of Christian Missions in China* [1929 ; éd. réimpr., New York : Russell & Russell, 1967], p. 382).
Une version française de la biographie de George Müller est également disponible, voir G. Brunel, *George Müller – Sa vie et son œuvre* (Trois-Rivières, Québec : Éditions IMPACT, 2008).
55. Edith Schaeffer, *L'Abri* (Wheaton : Crossway, 1992).

Schaeffer avaient vu des congrégations se battre à propos de questions relatives à la doctrine orthodoxe, tout en négligeant de manifester de l'amour. À *L'Abri*, ils ont donc cherché à présenter des enseignements chrétiens au fondement biblique et historique au sein d'une collectivité chrétienne aimante où l'on pouvait observer l'amour à l'œuvre. Parmi les principaux thèmes de la vie des Schaeffer se trouvait l'amour coûteux, pratique et observable, à savoir l'amour surnaturel de Dieu vécu à chaque instant de la vie des chrétiens du XXe siècle[56].

L'autre biographie qui a amélioré ma vision de l'amour, *Brother Indeed*, raconte l'histoire de Robert Chapman[57]. Chapman a renoncé à sa carrière d'avocat à Londres pour se faire pasteur d'une petite Église baptiste à Barnstaple, en Angleterre. Trois pasteurs étaient passés par cette petite congrégation querelleuse dans les dix-huit mois qui avaient précédé son arrivée. Le récit de la manière dont Chapman s'y est pris pour changer du tout au tout cette Église grâce à beaucoup d'amour, de patience et d'enseignements bibliques décrit un leadership empreint d'amour. À la fin de sa vie, à l'âge de 99 ans, Chapman s'était fait si bien connaître pour sa disposition à aimer et sa sagesse qu'une lettre provenant de l'étranger et adressée simplement à « R. C. Chapman, University of Love

---

56. Francis A. Schaeffer, *La marque du chrétien* (France : Éditions Telos, 1973).

57. Frank Holmes, *Brother Indeed : The Life of Robert Cleaver Chapman* (Londres : Victory Press, 1956). Pour obtenir une biographie plus récente, voir Robert L. Peterson, *Robert Chapman* (Littleton, Colorado : Lewis and Roth, 1995). Cette biographie, *Robert Chapman*, sera éditée en français à Trois-Rivières, Québec : Éditions IMPACT. Sa sortie est prévue à l'automne 2010. Pour plus d'information, n'hésitez pas à contacter l'éditeur, dont les coordonnées se trouvent à la dernière page de ce présent volume.
Pour obtenir un résumé de la vie de Chapman et connaître quelques moyens remarquables par lesquels il s'occupait des gens, voir Robert L. Peterson et Alexander Strauch, *Agape Leadership : Lessons in Spiritual Leadership from the Life of R. C. Chapman* (Littleton, Colorado : Lewis and Roth, 1991).

(Université de l'amour), Angleterre » s'est bel et bien rendue à son domicile. Prions pour que nos Églises en viennent à être connues comme des « universités de l'amour ».

Les leaders de l'Église locale

Les biographies sont bénéfiques, mais les gens ont également besoin de voir et d'entendre des exemples d'amour dans leur propre foyer et leur propre Église. L'un des plus grands besoins que nos Églises connaissent aujourd'hui est celui d'avoir des exemples vivants d'un amour véritablement chrétien. L'Église qui a des leaders sachant donner l'exemple en matière d'amour pour Dieu et pour les gens est réellement bénie. De tels leaders éprouvent beaucoup de joie à louer Dieu et à chanter ses louanges.

> « *Beaucoup de gens prêchent Christ, mais peu vivent Christ. Mon but premier sera de vivre Christ.* »
> – **Robert Chapman**

Ils prient fidèlement pour le troupeau dont ils ont la charge, ils visitent les malades, ils prennent soin des gens dans le besoin, ils évangélisent, ils enseignent la Parole de Dieu et ils sacrifient généreusement de leur temps et de leur argent au profit des autres.

Les leaders d'Église donnent le ton à la congrégation. Si les leaders de l'Église locale aiment, les gens de cette Église aimeront eux aussi. Si les premiers sont attentionnés, bons et aimants, les seconds le seront aussi. Si les premiers conscientisent l'Église aux besoins des gens et mettent en place des structures organisationnelles par lesquelles les gens peuvent servir les membres dans le besoin (Ac 6.1-7), les gens y répondront favorablement. Si les premiers créent un environnement empreint d'amour et se responsabilisent en matière d'amour, les gens s'épanouiront spirituellement et beaucoup de gens suivront leur exemple. Même d'autres Églises pourront voir cet amour et se sentir poussées à mieux aimer (1 Th 1.7).

La plupart des chrétiens désirent ardemment avoir sous les yeux des exemples authentiques et vivants d'amour chrétien. Lorsque j'ai demandé à une chrétienne connue pour son esprit aimant et son service altruiste envers les gens comment elle avait appris à aimer, elle m'a répondu qu'elle l'avait appris en observant un groupe de bergers aimants prendre soin de la congrégation au sein de laquelle elle avait grandi. Vous pouvez être cet exemple pour ceux de votre entourage. Il se peut que vous ne soyez pas un grand prédicateur ou un érudit, mais vous pouvez néanmoins influencer considérablement les gens en vivant l'amour de Christ et en leur servant d'exemple de cet amour. Il vous est possible d'être pour votre Église l'agent de changement qui enflammera son amour. Comme Chapman l'a dit : « Beaucoup de gens prêchent Christ, mais peu vivent Christ. Mon but premier sera de *vivre* Christ[56]. » Vous pouvez vous aussi poursuivre ce but.

Les parents

Comme c'est auprès de nos parents que nous faisons l'expérience de la tendresse dont s'accompagne l'amour au début de notre vie, ce sont les parents (et les grands-parents) qui ont les meilleures occasions d'enseigner l'amour de Dieu et d'en donner l'exemple aux enfants et aux adolescents impressionnables. L'amour ou le manque d'amour de nos parents influence énormément notre développement mental, émotionnel et spirituel. Des études ont démontré les conséquences tragiques que produit sur les enfants élevés dans des orphelinats le fait pour eux d'avoir passé toutes leurs journées dans leurs lits et d'avoir reçu peu d'amour, de touchers, d'affection et d'interactions. Ces enfants développent des problèmes physiques, émotionnels et mentaux qui les suivent toute leur vie.

---

58. Peterson et Strauch, *Agape Leadership*, p. 14.

De la même manière que l'amour compte dans le développement normal d'un être humain, il compte dans le développement normal d'une famille ou d'une Église. Si les parents chrétiens aiment leurs enfants d'un amour véritablement chrétien, ils auront, dans la plupart des cas, des enfants en bonne santé mentale, émotionnelle et spirituelle. Paul, par exemple, rappelle à Timothée l'influence spirituelle que sa grand-mère Loïs et sa mère Eunice ont eue sur la foi et le ministère de ce dernier (2 Ti 1.5 ; 3.15)[59].

Si les parents chrétiens aiment, servent et vont chercher les gens dans le besoin, ils auront, dans la plupart des cas, des enfants qui aimeront, serviront et iront chercher les gens dans le besoin. Beaucoup de leaders et d'ouvriers chrétiens dans les Églises d'aujourd'hui ont eu des parents qui ont aimé et servi le peuple de Dieu de manière sacrificielle. Ces leaders et ces ouvriers chrétiens ont vu leurs parents leur servir d'exemples sous leur propre toit et les ont imités. Bon nombre des missionnaires actuellement sur le champ missionnaire proviennent de parents missionnaires. Dans quelques cas, des missionnaires des quatrième et cinquième générations sont maintenant en service[60].

Si vous désirez enseigner et cultiver l'amour dans votre Église, commencez dans votre propre foyer, auprès de vos enfants et de vos petits-enfants. Dieu veut que vous soyez un exemple de son amour envers votre famille. Les gens de votre entourage ont désespérément besoin d'exemples vivants de l'amour chrétien, et il vous est possible d'être cet exemple.

---

59. De 4.9 ; 6.7,20-25 ; Ps 78.5-8 ; Ex 10.2 ; 12.26,27 ; 13.8-10.
60. Par exemple : la famille Taylor en Chine (Herbert H. Taylor, Maria Coulthard Taylor, J. H. Taylor, fils, J. H. Taylor, petit-fils, J. H. Taylor, arrière-petit-fils) ; la famille Bell-Linton en Corée (Eugene et Lottie Bell, Charlotte Bell Linton, Hugh Linton, ainsi qu'aujourd'hui Stephen, John, James et Andrew Linton) ; et la famille Torrey (R. A. Torrey, évangéliste aux côtés de D. L. Moody, R. A. Torrey, fils, en Chine, R. A. Torrey, petit-fils, en Corée, et aujourd'hui Ben Torrey en Corée).

L'amour est le premier fruit que le Saint-Esprit veut produire et faire grandir dans votre vie (Ga 5.22). Ne résistez pas à sa douce incitation ; abandonnez-vous à l'invitation de l'Esprit à aimer comme Christ a aimé. Ainsi que Paul l'a dit à Timothée : « *[Sois]* un modèle pour les fidèles [...] en amour » (1 Ti 4.12*b*).

Chapitre cinq

Préservez l'amour

*L*a culture de l'amour au sein de l'Église doit inclure l'aspect négatif qui consiste à le protéger et à faire des mises en garde contre les dangers qui menacent notre amour pour Dieu et notre prochain. Pour passer en mode préventif afin de mettre fin à l'abandon de l'amour, il nous faut aimer les bonnes choses. Par exemple, l'apôtre Jean fait à ses lecteurs la mise en garde suivante : « N'aimez point le monde, ni les choses qui sont dans le monde. Si quelqu'un aime le monde, l'amour du Père n'est point en lui » (1 Jn 2.15 ; voir aussi Ja 4.4 ; 2 Co 6.14 – 7.1).

Lorsque je réfléchis à ce que signifie préserver notre amour, il me vient à l'esprit l'image d'une publicité de robes de mariée. Cette publicité montrait une belle mariée en train de contempler sa robe d'un air admirateur. Le sous-titre disait : « Aime-le, mais aime ta robe encore plus. » À mon avis, cette publicité rend bien une tentation à laquelle nous sommes souvent exposés dans notre relation d'amour avec Christ.

Nous l'aimons, lui, mais n'aimons-nous pas plus les biens matériels et les bénédictions qu'il nous accorde ? Sommes-nous tentés d'« aimer Christ, mais en aimant notre foyer encore plus » ? D'« aimer Christ, mais en aimant notre argent et notre sécurité encore plus » ? D'« aimer Christ, mais en aimant notre entreprise encore plus » ? D'« aimer Christ, mais en aimant notre ministère chrétien encore plus » ? En raison de la tentation de tous les instants d'aimer quelque chose plus que Christ, nous devons toujours veiller sur notre amour pour Christ.

> « Demeurez dans mon amour. Si vous gardez mes commandements, vous demeurerez dans mon amour »
> Jean 15.9b,10a

Tout véritable croyant aime Christ parce que ne pas l'aimer revient à ne pas croire en lui. Le Saint-Esprit, qui nous régénère et qui habite en nous, nous incite également à aimer Christ. En tant que croyants, toutefois, il nous arrive d'agir de manière égoïste et avec désobéissance. Nous risquons de laisser notre amour se refroidir. Notre amour pour Christ risque de s'affaiblir pour cause de négligence, de péché, de distractions mondaines ou de faux enseignements (2 Co 11.2-4), si bien que nous devons apprendre à bien le préserver.

Préservez votre amour pour Christ

Dans notre monde, qui est hostile envers Christ, énormément de gens se font concurrence pour gagner notre amour. Voilà pourquoi la Bible dit : « *[Maintenez]*-vous dans l'amour de Dieu » (Jud 21). C'est également ce qui explique que Jésus demande ce qui suit de ses disciples : « Demeurez dans mon amour. Si vous gardez mes commandements, vous demeurerez dans mon amour, de même que j'ai gardé les commandements de mon Père, et que je demeure dans son amour » (Jn 15.9b,10). Chacun de nous doit consciemment s'efforcer en tout temps de préserver sa relation d'amour avec Christ et de demeurer dans son amour en obéissant à sa Parole.

Marie de Béthanie, la sœur de Lazare, est un exemple biblique de croyante qui a veillé à préserver son amour pour Christ par-dessus tout. Tandis que Jésus était en visite chez ses amis bien-aimés – Marthe, Marie et Lazare –, Luc nous dit que Marthe était « occupée à divers soins domestiques », mais que Marie, « s'étant assise aux pieds du Seigneur, écoutait sa parole » (Lu 10.39,40). Plus tôt, Marie avait indubitablement travaillé avec Marthe à la cuisine, mais elle s'était absentée pour passer du temps avec Jésus et écouter ses enseignements. Cela a poussé Marthe à se plaindre ainsi : « Seigneur, cela ne te fait-il rien que ma sœur me laisse seule pour servir ? Dis-lui donc de m'aider » (Lu 10.40).

> *À moins de le connaître, nous ne pouvons pas l'aimer, et nous apprenons à le connaître en lisant l'Écriture qui nous le révèle.*

Ces deux sœurs aimaient Jésus, mais Marie a choisi de faire ce qui enrichirait sa relation avec lui. Ce n'était pas le cas de Marthe. Ainsi donc, en réponse à Marthe, Jésus fait une distinction claire :

> Marthe, Marthe, tu t'inquiètes et tu t'agites pour beaucoup de choses. *Une seule chose est nécessaire.* Marie a choisi *la bonne part*, qui ne lui sera point ôtée (Lu 10.41,42 ; italiques ajoutés).

La plupart d'entre nous sont, dans une certaine mesure, comme Marthe. Nous laissons notre travail nous distraire facilement. Au lieu de passer du temps avec Christ, nous nous soucions des nombreux détails de la vie. Marthe aimait Jésus, mais elle en est venue à se préoccuper de son travail *pour* le Seigneur au point de ne plus avoir de temps à passer *avec* lui, ce que Jésus aurait justement préféré. Son service bien intentionné envers Christ l'éloignait de lui en réalité. Au lieu de vivre de la joie, elle a donc vécu de la colère et de la frustration – et cela, non seulement envers Marie, mais aussi envers Jésus.

Prémunis-toi contre la stérilité d'une vie affairée. Marie, par contre, savait quand laisser de côté les autres choses pour passer du temps avec son Seigneur. Elle faisait passer Christ en premier et son travail en deuxième. Elle a choisi de tout arrêter afin de l'écouter et de cultiver son amour pour lui.

Il est primordial que nous nous rappelions l'affirmation succincte de Jésus :

> Une seule chose est nécessaire.

Lorsque nous lisons et étudions la Parole de Dieu, c'est comme si nous nous asseyions aux pieds de Jésus pour écouter ses merveilleux enseignements. Jésus nous dit lui-même que toute l'Écriture parle de lui. Il en est le grand thème[61]. À moins de le connaître, nous ne pouvons pas l'aimer, et nous apprenons à le connaître en lisant l'Écriture qui nous le révèle. Il nous est tout simplement impossible de préserver notre amour pour Christ et de le voir grandir sans souvent passer du temps dans sa Parole. La question est donc de savoir : Qu'est-ce qui vous distrait et vous empêche de passer du temps aux pieds de Jésus pour l'écouter parler ?

Il est facile d'en venir à avoir un emploi du temps chargé au point qu'il ne nous reste plus de temps à consacrer à Dieu, ni de temps à consacrer à la Parole et à la prière. Reconnaissant ce risque, le directeur d'une certaine organisation missionnaire mondiale garde sur son bureau une plaque sur laquelle on peut lire : « Prémunis-toi contre la stérilité d'une vie affairée. »

---

61. Jn 5.39,46 ; Lu 24.27,44 ; voir aussi De 8.3.

Il est difficile d'obtenir le juste équilibre, mais nous devons échapper au danger de nous laisser « distraire par un service prenant » (Lu 10.40).

Il est également facile de se laisser distraire d'aimer Dieu à cause de notre amour pour les sports, les biens matériels, l'avancement de notre carrière, la télévision ou le cinéma. Lorsque nous permettons à n'importe laquelle de ces choses de gouverner notre vie et de dominer notre cœur, notre âme et nos forces, elle nous dérobe notre temps en compagnie de Christ. Ces choses risquent de devenir des idoles contemporaines et de lourds fardeaux qui nous empêchent de courir dans la carrière qui nous est ouverte (Hé 12.1,2). Les bonnes choses peuvent devenir de mauvaises choses lorsqu'elles nous privent de notre temps ou qu'elles détournent notre affection de Christ. Pour préserver notre amour, approprions-nous la prière suivante d'un saint empreint de piété du nom de Samuel Rutherford : « Je me réjouis profondément de ce que Christ met toutes mes idoles en pièces ; cela ravive mon amour émoussé pour Christ[62]. »

Personne n'est à l'abri de la tentation de négliger son amour pour Christ. Dans sa dernière lettre à Timothée, Paul écrit que Démas, un compagnon d'œuvre dans la propagation de l'Évangile, l'a abandonné par amour pour « le siècle présent » (2 Ti 4.10). L'attachement aux biens et au confort du monde a incité Démas à renoncer à servir Christ et à souffrir pour l'Évangile. Démas n'est pas demeuré dans l'amour de Christ (Jn 15.9,10) ; il n'a pas préservé son amour pour Christ.

David Gooding, ancien professeur de grec au Queens College à Belfast, en Irlande, nous rappelle que nous devons décider à dessein et consciemment de choisir « la bonne part » dans la vie, celle qui ne nous sera jamais enlevée :

---

62. Samuel Rutherford, *The Loveliness of Christ : Extracts from the Letters of Samuel Rutherford* (1909 ; éd. réimpr., Édimbourg : Banner of Truth, 2008), p. 86.

Nous ne pouvons pas tout faire : le temps nous manque. Comme Marie, nous devons donc faire un choix, et cela, de manière tout à fait intentionnelle. Les choses de la vie ne se classeront pas d'elles-mêmes par ordre véritable de priorité. Si nous ne veillons pas consciemment à accorder la priorité à la nécessité de « nous asseoir aux pieds du Seigneur pour l'écouter parler », mille et une autres choses et responsabilités, se présentant toutes comme d'une plus grande importance, accapareront notre temps et notre énergie et nous voleront « la bonne part » dans la vie[63].

Il ne nous est possible de faire ce choix qu'après avoir mis nos priorités dans le bon ordre. Dans son livre de méditations classique intitulé *Tout pour qu'Il règne*, Oswald Chambers nous présente la seule priorité capable de nous guider et de nous préserver :

Le disciple doit s'attacher avant tout à ses rapports avec Dieu, en faire la préoccupation dominante de sa vie, et ne donner la priorité à rien d'autre[64].

Préservez votre amour pour votre prochain

> « *Dans tellement de cœurs, l'amour semble s'être endormi.* »
> – Henry Moorhouse

S'il est vrai que nous devons préserver jalousement notre amour pour Christ, il est tout aussi vrai que nous devons préserver notre amour pour notre prochain. Comme le Saint-Esprit nous pousse à aimer Christ, il nous pousse à aimer notre prochain de manière

---

63. David Gooding, *According to Luke : A New Exposition of the Third Gospel* (Grand Rapids : Eerdmans, 1987), p. 216.
64. Oswald Chambers, *Tout pour qu'Il règne* (Guebwiller, France : Ligue pour la lecture de la Bible, 1977) p. 146.

« *[Un]* commandement nouveau :
Aimez-vous les uns les autres ;
comme je vous ai aimés [...]. »

(Jean 13.34)

sacrificielle. Cependant, comme nous l'avons vu, il arrive parfois que les croyants en Christ agissent égoïstement et désobéissent à la Parole de Dieu. Comme l'évangéliste du XVIIIe siècle Henry Moorhouse l'a fait observer dans une lettre qu'il a adressée à un ami : « Dans tellement de cœurs, l'amour semble s'être endormi[65]. »

> « Le chrétien devrait toujours bien se prémunir contre tout ce qui risque d'avoir raison d'un esprit d'amour, de le corrompre ou de le miner. »
>
> – Jonathan Edwards

Lorsque l'amour s'endort, nous nous refroidissons et nous devenons insensibles à ceux qui nous entourent. Nous nous attachons plus aux biens matériels et au confort personnel qu'aux gens. Nous nous attachons plus à notre travail qu'aux gens. Nous éprouvons de la rancune envers les gens parce qu'ils nous ont blessés. Nous nous lassons de servir des gens égoïstes et ingrats, et nous en venons à nous contenter de ne manifester de l'amour qu'à ceux qui nous plaisent. Nous tombons dans la paresse et la complaisance en matière d'amour. Nous négligeons le devoir qui nous incombe d'aimer les gens agaçants. Comme le sacrificateur et le Lévite dans l'histoire du bon Samaritain, nous devenons insensibles à la souffrance des autres.

Même si nous savons que « l'amour est le joyau des grâces de la vie chrétienne[66] », il nous est très facile de négliger notre devoir et de cesser d'aimer les autres comme Christ a aimé. Cette distinction entre ce que nous savons au sujet de l'amour et la manière dont nous manifestons ses exigences dans notre vie, Maurice Roberts en parle ainsi :

> Nous voyons l'incarnation même de l'amour de Dieu dans le portrait que l'Évangile brosse de Christ. Nous le voyons laver d'abord les pieds

---

65. John Macpherson, *Henry Moorhouse*, p. 117.
66. Maurice Roberts, « The Supreme Grace of Christian Love », p. 4.

des disciples, puis monter sur la croix pour laver leur âme. Cependant, dès que le souvenir de cet amour transcendant s'éloigne de notre pensée, nous retournons à nos vieilles habitudes qui nous inclinent à l'égoïsme et à la recherche de notre avantage. Rien d'étonnant à ce que le prophète et l'apôtre s'exclament respectivement : « Malheur à moi ! » (És 6.5) et : « Misérable que je suis ! » (Ro 7.24.)[67]

Ainsi donc, lorsque vous sentez votre amour s'endormir, remédiez-y immédiatement. Plus vous tarderez à agir, plus vous aurez de difficulté à réveiller l'esprit d'amour en vous. Plongez-vous dans l'Écriture, et laissez-la raviver votre âme ensommeillée. Priez afin que votre gratitude augmente par rapport au don de la grâce de Dieu et au sacrifice coûteux de Christ sur la croix du Calvaire[68]. Priez avec ferveur pour que le Seigneur vous remplisse de nouveau du premier élément du fruit de l'Esprit, qui est l'amour (Ga 5.22 ; Ép 5.18). Repentez-vous de tout péché ayant pour effet d'émousser votre amour pour Dieu ou pour son peuple. Cessez de penser autant à vous-même. Suivez l'exemple formidable de ceux qui ont imité la vie d'amour que Dieu désire voir dans les siens. Rappelez-vous la responsabilité première que vous avez d'aimer Dieu et votre prochain. Mettez-vous à poser des gestes d'amour envers les autres et à prier pour que le désir et la joie d'aimer les autres ne tardent pas à suivre.

À ceux qui se sont éloignés d'un esprit d'amour chrétien, Jésus dit de se réveiller, de se souvenir d'où ils sont tombés,

---

67. Maurice Roberts, « The Supreme Grace of Christian Love », p. 4.
68. Jerry Bridges nous prodigue de bons conseils bibliques pour nous maintenir dans l'amour et dans la sainteté en disant que nous devrions nous prêcher l'Évangile chaque jour (*The Discipline of Grace : God's Role and Our Role in the Pursuit of Holiness* [Colorado Springs : NavPress, 1994], p. 45-60 ; *The Gospel for Real Life : Turn to the Liberating Power of the Cross... Every Day* [Colorado Springs : NavPress, 2003]).

de se repentir de leurs péchés et de pratiquer leurs premières œuvres d'amour (Ap 2.5). Pour éviter d'en venir à ressembler aux chrétiens d'Éphèse, qui devaient se repentir de l'abandon de leur amour, suivez le conseil pratique de Jonathan Edwards :

> Le chrétien devrait toujours bien se prémunir contre tout ce qui risque d'avoir raison d'un esprit d'amour, de le corrompre ou de le miner. Ce qui entrave l'amour envers les hommes entravera l'exercice de l'amour envers Dieu. [...] Si l'amour est la somme du christianisme, ces choses qui ont raison de l'amour ne conviennent absolument pas aux chrétiens[69].

Ne laissez pas votre amour s'endormir ; restez spirituellement éveillé. « *[Maintenez]*-vous dans l'amour de Dieu » (Jud 21). Et il vous faut « toujours bien *[vous]* prémunir contre tout ce qui risque d'avoir raison d'un esprit d'amour, de le corrompre ou de le miner ».

---

69. Jonathan Edwards, *Charity and Its Fruits*, p. 23.

Chapitre six

Exercez l'amour

L'étude de l'amour nous exalte, l'apprentissage des doctrines relatives à l'amour éclaire notre entendement, la prière en faveur de l'amour réchauffe le cœur et l'exemple de l'amour nous motive, mais en définitive, nous devons obéir à Dieu par amour pour lui et servir les autres de manière sacrificielle. Nous devons aimer en actions, et non en théorie. Nous devons manifester l'amour, et non simplement en parler. Nous devons créer un lien entre les paroles et les actions.

Sachant combien il est facile de parler d'amour, plutôt que de manifester de l'amour, l'apôtre Jean fait la mise en garde suivante :

> Si quelqu'un possède les biens du monde, et que, voyant son frère dans le besoin, il lui ferme ses entrailles, comment l'amour de Dieu demeure-t-il en lui ? Petits enfants, *n'aimons pas en paroles et avec la langue, mais en actions et avec vérité* (1 Jn 3.17,18 ; italiques ajoutés).

Paul a également exhorté ses lecteurs à manifester un amour sincère : « Que l'amour soit sans hypocrisie » (Ro 12.9). Après avoir annoncé son thème d'amour sincère et sans hypocrisie, il énumère plusieurs gestes et attitudes empreints d'un amour sincère et sans hypocrisie (Ro 12.9-21). Il s'attend à ce que ses lecteurs obéissent à ces instructions, plutôt que de parler de leurs qualités vertueuses.

Et Jacques nous prévient du danger de simplement écouter ou admirer l'amour, plutôt que de « se [mettre] à l'œuvre » en aimant (Ja 1.22-25).

L'obéissance aux commandements de Christ d'aimer conduit à la véritable croissance de l'amour. Seul celui qui se met à l'œuvre est béni, et non celui qui se contente de s'asseoir dans l'église et d'écouter la Parole pour aussitôt l'oublier. Jacques nous rappelle aussi que l'amour « sans les œuvres est [mort] » (Ja 2.26).

Étant donné qu'il est si facile d'emprunter le langage de l'amour sans en vivre la réalité, les apôtres ont dû continuellement rappeler aux croyants la nécessité de manifester l'amour qu'ils professaient et les exhorter à le manifester. Or, nous devons en faire autant aujourd'hui. Nous devons nous-mêmes manifester l'amour de Christ et nous exhorter les uns les autres à le manifester.

L'amour divin porte ses fruits de manière concrète (Ga 5.22). Il incite à un service sacrificiel (Ga 5.13), à des gestes de bonté (1 Co 13.4) et à un labeur acharné afin de répondre aux besoins d'autrui (1 Th 1.3). Comme le dit John Stott : « Le véritable *amour* pour les gens nous pousse à travailler à leur bien, sans quoi il se résume au sentimentalisme[70]. » Refuser

---

70. John R. W. Stott, *The Message of Thessalonians : The Gospel & the End of Time*, BST (Downers Grove : InterVarsity, 1991), p. 30. En commentant l'expression « le travail de votre amour » dans 1 Thessaloniciens 1.3, James Denny compte ce « *travail acharné* » au nombre des « caractéristiques de l'amour » (*The Epistles to the Thessalonians*, The Expositor's Bible

d'exercer l'amour « en actions et avec vérité » reviendrait à désobéir aux commandements de Christ d'aimer Dieu, notre prochain, nos frères dans la foi, nos ennemis et tout le monde. Nous devons nous rappeler que les commandements bibliques relatifs à l'amour exigent de notre part obéissance et action pratique. Il ne s'agit pas de suggestions célestes, mais de commandements nous venant directement du Roi.

Dans l'Écriture, l'amour et l'obéissance vont inséparablement de pair[71]. L'obéissance aux commandements de Christ d'aimer conduit à la véritable croissance de l'amour. La désobéissance conduit à une érosion de l'amour. Ainsi, la culture d'une atmosphère empreinte d'amour au sein de l'Église est indissociablement reliée à la culture d'une atmosphère empreinte d'obéissance à la Parole et à l'Esprit de Dieu. Comme l'explique le commentateur biblique Alexander Ross : « L'amour n'est pas une émotion que nous sommes tenus de manifester de temps à autre, selon nos humeurs ; il s'agit d'un devoir que Dieu exige que nous assumions en tout temps, et les enfants de Dieu doivent assurément obéir à leur Père céleste[72]. »

Étant donné que l'amour est « un devoir que Dieu exige que nous assumions en tout temps », *nous devons nous engager de nouveau à pratiquer avec obéissance les principes de Christ relatifs à l'amour*. Le mariage est un engagement à s'aimer l'un l'autre

---

[New York : Eaton & Mains, s. d.], p. 29). Au sujet de l'exemple de ce travail chez Paul, Denny écrit : « L'amour incite [Paul], comme il incitera n'importe qui dans le cœur de qui cet amour brûle véritablement, *à fournir des efforts incessants et inlassables au profit du bien d'autrui*. Paul était prêt à s'y investir et à y servir, et cela, quelque piètres que soient les résultats. Il travaillait de ses mains, il travaillait de la tête, il travaillait de tout son cœur passionné, il travaillait à intercéder sans cesse auprès de Dieu, et tout cela formait son travail d'amour » (p. 28 ; italiques ajoutés).
71. Ex 20.6 ; De 10.12,13 ; 11.1,13,22 ; 19.9 ; 30.16,19,20 ; Jn 14.15,21,31 ; 15.10 ; 1 Jn 2.5 ; 5.3 ; 2 Jn 6.
72. Alexander Ross, *The Epistles of James and John*, NICNT (Grand Rapids : Eerdmans, 1954), p. 208.

dans les bons comme dans les mauvais moments. De même, l'amour pour Dieu et notre prochain est un engagement à aimer Dieu et notre prochain, et cela, même quand nous n'en avons pas envie et dans les situations difficiles. Si vous désirez aimer comme Christ a aimé, engagez-vous à aimer comme il a aimé (Ép 5.2 ; 1 Jn 3.16). Si vous voulez rechercher l'amour, engagez-vous à rechercher l'amour biblique (1 Co 14.1). Si vous voulez tout faire dans un esprit d'amour, engagez-vous à tout faire dans un esprit d'amour (1 Co 16.14). Si vous voulez susciter l'amour au sein de l'Église, engagez-vous à réfléchir et à agir d'une manière qui inspire l'amour aux autres (Hé 10.24).

Il y a près de quarante-cinq ans, Herb et Alice Banks, ainsi que d'autres familles, ont fondé notre Église actuelle. Pendant de nombreuses années, ils ont servi avec altruisme les gens de notre Église. Leur travail est légendaire. Ils rendaient visite aux malades dans les hôpitaux, aux prisonniers, aux personnes âgées en maison de retraite et aux missionnaires sur le champ missionnaire. Ils donnaient des études bibliques et dirigeaient notre programme missionnaire. Pendant trente-huit ans, Herb a servi au nombre de nos anciens. Par le passé, à peu près tout le monde dans l'Église avait joui de leur hospitalité empreinte de grâce. Ce n'est que maintenant que leur service a commencé à faiblir, en raison de leur mauvais état de santé. Selon eux, par contre, Herb et Alice ne faisaient rien de particulier. Ils ne faisaient que ce que le Seigneur leur commandait : « Aimez-vous les uns les autres ; comme je vous ai aimés [...] » (Jn 13.34,35). Ils traduisaient leurs convictions bibliques en actions. Leur amour pour le Seigneur et leur obéissance à sa Parole ont motivé et soutenu leur service empreint d'amour jusque dans les quatre-vingts ans avancés.

Bien que Christ nous commande d'aimer comme il a aimé, il ne nous confie pas cette tâche sans nous donner le pouvoir de l'accomplir. Il nous donne, selon sa grâce, son Esprit Saint dynamisant. Le Saint-Esprit – qui est Dieu et qui est amour –

procure à chaque croyant en Christ la capacité surnaturelle d'aimer comme Christ aime[73]. Pour reprendre les paroles du commentateur biblique R. S. Candlish : « Nous avons maintenant la capacité divine d'aimer de l'amour qui vient de Dieu, de l'amour qui découle de la nature même de Dieu[74]. » Le premier élément du fruit que l'Esprit produit dans la vie du croyant, c'est « l'amour » (Ga 5.22).

L'amour de Dieu, qui « est répandu dans nos cœurs par le Saint-Esprit » (Ro 5.5), nous motive à aimer et à obéir avec joie aux commandements relatifs à l'amour. En effet, nous obéissons à ses commandements par amour pour lui, conformément aux paroles de Jésus : « Si vous m'aimez, gardez mes commandements » (Jn 14.15). Jésus parle ici d'une obéissance intentionnelle et empreinte d'amour qui vient du cœur, et non d'une obéissance forcée ou dépourvue de joie. Nous nous réjouissons de lui obéir également parce que nous lui sommes reconnaissants de nous avoir aimés et de s'être sacrifié pour nous. Il nous a délivrés « de la puissance des ténèbres » (Col 1.13), ainsi que du péché et de la mort, et il nous a donné la vie éternelle. Que pouvons-nous faire en réponse à un tel amour, sinon aimer et obéir ?

Après sa résurrection, Jésus a affronté Pierre, qui l'avait renié trois fois. Sur les berges de la mer de Galilée, Jésus lui a demandé à trois reprises s'il l'aimait (Jn 21.15-17).

Chaque fois, Pierre a réaffirmé son amour pour Christ : « Oui, Seigneur, tu sais que je t'aime. »

Après chacune des confessions publiques de l'amour de Pierre, Jésus lui a répondu en le chargeant de paître son peuple : « Pais mes agneaux [...]. Pais mes brebis [...]. Pais mes brebis. »

---

73. Ro 5.5 ; 15.30 ; Ga 5.22 ; voir aussi De 30.6.
74. R. S. Candlish, *The First Epistle of John*, 2e éd. (1869 ; éd. réimpr., Grand Rapids : Zondervan, s. d.), p. 422-423).

La preuve de la profession d'amour de Pierre et la réalité de son amour se trouveront dans son obéissance pratique au commandement de Christ de paître le peuple de Dieu. Comme le livre des Actes le rapporte heureusement, Pierre, par le pouvoir du Saint-Esprit, a prouvé la sincérité de sa profession d'amour pour Christ en consacrant sa vie à paître le troupeau de Christ. Que notre profession publique d'amour pour Dieu et notre prochain repose elle aussi sur la pratique sincère de l'amour chrétien (Ro 12.9-21).

L'amour restauré

Il se peut que vous vous demandiez comment les croyants d'Éphèse ont réagi à la lettre de Christ lorsqu'on l'a lue à la congrégation. Se sont-ils humiliés devant Dieu ? Ont-ils obéi aux directives du Seigneur ? Ou encore, ont-ils refusé de croire à l'évaluation que le Seigneur avait faite de leur état spirituel ?

La réponse à cette question se trouve dans une lettre qu'Ignace, l'évêque (en grec, *episcopos*) de l'Église d'Antioche de Syrie, a écrite au début du IIe siècle. Ignace s'était fait arrêter pour sa foi et s'était fait envoyer à Rome escorté par des gardes romains en vue de son exécution, qui a eu lieu entre l'an 105 et l'an 117. En chemin vers Rome, Ignace a écrit sept lettres qui existent encore aujourd'hui. Ces lettres font traditionnellement partie d'autres documents connus comme les écrits des Pères apostoliques. Or, l'une de ces lettres était adressée à l'Église d'Éphèse.

En route vers Rome, les gardes d'Ignace se sont arrêtés dans la ville de Smyrne. Tandis qu'ils s'y trouvaient, l'Église d'Éphèse, située à environ soixante-quatre kilomètres au sud, y a envoyé une délégation de frères ayant pour mission d'encourager et de fortifier Ignace, qui contemplait son martyre à Rome. Leur visite s'est avérée tellement édifiante qu'Ignace a écrit une lettre pour les remercier de leur attention et de leurs bons soins. Dans cette lettre, il fait l'éloge de leur

.

amour, les en félicitant en disant de l'Église qu'elle est « selon la foi et la charité dans le Christ Jésus, notre Sauveur[75] ». Il se réjouit d'une chose à son sujet: « vivant d'une vie nouvelle, vous n'aimez rien que Dieu seul[76] ». Il émet également un commentaire au sujet de leur évêque, Onésime, de qui il dit qu'il s'agit d'un « homme d'une indicible charité[77] ». Ignace continue en écrivant que, chez les anciens d'Éphèse qui lui avaient rendu visite à Smyrne, il pouvait discerner l'amour de toute l'Église d'Éphèse[78].

Ainsi donc, au début du IIe siècle, nous savons que l'Église d'Éphèse était très vivante. Elle était bien fondée dans la saine doctrine et elle abondait en amour. Les croyants d'Éphèse avaient obéi à l'appel du Seigneur de se souvenir, de se repentir et de pratiquer ses premières œuvres. Résultat : l'amour de l'Église a été restauré. Comme le déclare le Seigneur : « Que celui qui a des oreilles entende ce que l'Esprit dit aux Églises » (Ap 2.7*a*).

---

75. Ignace d'Antioche, *Lettres aux Églises : Éphésiens*, I.1 (Paris : Éditions du Cerf, 1975).
76. Ignace d'Antioche, *Lettres aux Églises : Éphésiens*, IX.2.
77. Ignace d'Antioche, *Lettres aux Églises : Éphésiens*, I.3.
78. Ignace d'Antioche, *Lettres aux Églises : Éphésiens*, II.1.

Troisième partie

GUIDE D'ÉTUDE

Efforce-toi de te présenter devant Dieu comme
un homme éprouvé, un ouvrier qui n'a point à rougir,
qui dispense droitement la parole de la vérité.
2 Ti 2.15

—————

Les réponses aux questions des cinq leçons de cette section
sont disponibles sur le site web de Publications chrétiennes :
www.publicationschretiennes.com

—————

Le problème de l'amour perdu, les éloges et les reproches de Christ, et lorsqu'une Église perd son amour

1. Dans les chapitres 2 et 3 du livre de l'Apocalypse, Christ fournit son évaluation des sept Églises d'Asie Mineure. Énumérez deux raisons pour lesquelles nous devrions tenir compte aujourd'hui de l'évaluation que Christ a faite de ces Églises.

2. Énumérez brièvement, et à votre façon, les qualités que Christ reconnaissait à l'Église d'Éphèse et dont il a fait l'éloge. De tous les traits positifs que vous avez énumérés, lequel selon vous était le plus louable ? Expliquez-vous.

3. En dépit de toutes les qualités louables de cette Église, il y avait quelque chose qui ne tournait pas rond du tout parmi les croyants d'Éphèse. À votre façon, décrivez clairement le problème. Soyez aussi précis que possible.

4. L'Église d'Éphèse a « abandonné » son premier amour. À votre avis, quels facteurs ont pu amener cette Église louable à bien des égards à abandonner son état d'origine empreint d'amour ?

5. En quoi les six points relatifs à l'importance de l'amour ont-ils changé votre perception de l'amour ? Quel point vous a influencé le plus ? Expliquez-vous.

6. En quoi la doctrine de la Trinité jette-t-elle les bases de la doctrine chrétienne de l'amour ? Énumérez autant de raisons que possible. (Voir la note de bas de page 10, à la page 26.)

7. Qu'est-ce que l'auteur entend par l'affirmation : « L'amour pour Dieu est la somme de tous les commandements de Dieu et de tout service religieux » ? Existe-t-il un passage de l'Écriture qui étaye cette affirmation ?

8. Qu'enseigne Luc 10.25-37 sur ce que signifie aimer son prochain comme soi-même ? Énumérez au moins deux principes que ce passage enseigne.

9. À la lumière des commandements de l'Ancien Testament qui demandent d'aimer Dieu et son prochain (De 6.4,5 ; Lé 19.18), qu'y a-t-il de « nouveau » dans le commandement nouveau » de Jésus (Jn 13.34,35) ?

10. On considère 1 Corinthiens 13.1-13 comme l'un des passages les plus éloquents que Paul a écrits. Quel est le point principal de ce chef-d'œuvre littéraire ?

11. Tracez deux colonnes sur une feuille de papier. Dans celle de gauche, inscrivez les mauvaises attitudes qui perturbent l'esprit ou l'atmosphère de l'Église locale. Dans celle de droite, inscrivez autant de bonnes attitudes et qualités bibliques que possible. Si vous êtes en mesure de le faire, inscrivez des références bibliques pour étayer vos réponses.

Mauvaises attitudes et habitudes	Bonnes attitudes et qualités bibliques

a. En quoi importe-t-il que l'atmosphère de l'Église locale soit conforme à l'enseignement du Nouveau Testament ? Énumérez au moins deux raisons.

b. En quoi une attitude hautaine relative à la connaissance de la saine doctrine et aux distinctions confessionnelles est-elle si nocive à l'esprit d'une Église locale ?

12. Vous trouverez ci-après une liste de moyens destinés à vous aider à bâtir et à entretenir une relation d'amour plus profonde avec Dieu en la personne de Jésus-Christ. Lisez attentivement ces affirmations et répondez aux questions qui se trouvent à la fin.

1) En s'engageant personnellement (avec l'aide du Saint-Esprit) à obéir au commandement, « le premier et le plus grand », consistant à aimer Dieu sans réserve et à aimer le Seigneur Jésus-Christ plus que tout et tous (De 6.4,5 ; 13.3 ; Jos 23.11 ; Ps 27.4 ; Mt 10.37 ; 22.37,38 ; Mc 12.28-34 ; Lu 10.25-28 ; 14.26 ; Jn 21.15-17 ; Ph 1.21 ; 3.13,14).

2) En lisant, en étudiant et en méditant la Parole de Dieu, l'Écriture, afin de le connaître comme le grand Dieu qu'il est (De 17.18-20). D. A. Carson dit sans la moindre hésitation :

[Mais] je doute qu'il soit possible d'obéir au premier commandement sans lire abondamment la Bible. [...] Comment pourrions-nous bien l'aimer de tout notre cœur et de toute notre pensée si nous n'apprenons pas à le connaître de mieux en mieux et à découvrir ce qui lui plaît et ce qu'il a en horreur, ce qu'il a révélé, ce qu'il recommande et ce qu'il interdit (D. A. Carson, *Love in Hard Places* [Wheaton : Crossway, 2002], p. 32) ?

3) En communiant souvent avec lui par le moyen de la prière : « Persévérez dans la prière » (Ro 12.12). Cela inclura la confession des péchés, les louanges et l'intercession pour les autres.

4) En vivant dans l'obéissance aux commandements de Christ : « Car l'amour de Dieu [*l'amour pour Dieu*] consiste à garder ses commandements » (1 Jn 5.3).

5) En n'aimant pas le monde et ses idoles : « N'aimez point le monde, ni les choses qui sont dans le monde. Si quelqu'un aime le monde, l'amour du Père [l'amour pour le Père] n'est point en lui » (1 Jn 2.15 ; voir aussi Ja 4.4).

6) En aimant les enfants de Dieu et en se mettant à leur service : « Si quelqu'un dit : J'aime Dieu, et qu'il haïsse son frère, c'est un menteur ; car celui qui n'aime pas son frère qu'il voit, comment peut-il aimer Dieu qu'il ne voit pas ? Et nous avons de lui ce commandement : Que celui qui aime Dieu aime aussi son frère » (1 Jn 4.20,21 ; voir aussi 4.11,12,20 ; Ja 1.27).

7) En l'adorant par des chants, des louanges, des actions de grâces, ainsi que par le pain et le vin « en souvenir » de sa mort substitutive (1 Co 11.23-32 ; Ap 5.9-14).

a. De ces sept moyens d'approfondir votre relation d'amour avec Dieu en la personne de Christ, quels sont les deux que vous avez le plus de difficulté à mettre systématiquement en pratique de manière continuelle ? Expliquez-vous.

b. De ces sept moyens d'approfondir votre relation d'amour avec Dieu en la personne de Christ, quels sont les deux qui vous ont le plus aidé à entretenir votre relation avec Christ ? Expliquez-vous.

c. De ces sept moyens d'approfondir votre relation d'amour avec Dieu en la personne de Christ, lequel requiert votre attention immédiate ? Décrivez plusieurs choses que vous pouvez faire afin de vous améliorer.

Leçon deux

Le remède que propose Christ et étudiez l'amour

1. L'auteur affirme : « Les pratiques religieuses extérieures sont susceptibles de remplacer insidieusement la vraie foi intérieure et l'amour sincère. » Donnez un exemple (préférablement un exemple tiré de la vie de votre propre Église) de ce que l'auteur entend par là. Pour obtenir de l'aide, voir Luc 11.42 et Matthieu 23.23-28.

2. En quoi Apocalypse 2.4 constitue-t-il un appel au réveil des plus importants adressé à toutes les Églises ?

3. Pour quelles raisons est-il difficile pour une Église locale de retrouver l'amour qu'elle a perdu ? Énumérez autant de raisons que possible.

4. Jésus recommande aux croyants d'Éphèse de se souvenir d'où ils sont tombés (Ap 2.5). À quoi cela leur servirait-il ?

5. À la page 35, l'auteur explique en cinq points ce que la repentance supposerait de la part de l'Église d'Éphèse. Lisez chacun de ces cinq points et écrivez une courte note au sujet de la signification de chacun, afin de vous préparer à discuter de chaque point avec votre groupe d'étude. En groupe, abordez chacun de ces points de

manière à ce que tous les membres comprennent clairement ce que signifie pour une Église de se repentir d'avoir abandonné son amour. Cet exercice vous aidera à saisir tout le sens du mot néotestamentaire « repentance ». De plus, relisez la définition que D. A. Carson donne de la repentance.

6. D'après vous, quelles étaient certaines des « premières œuvres » d'amour qui devaient être pratiquées de nouveau ? Énumérez autant d'œuvres que possible, et cela, en étant aussi précis que possible. Montrez-vous créatif dans vos réponses.

7. Dans la Deuxième partie du présent livre, l'auteur fait six suggestions quant aux moyens de cultiver l'amour.
Pourquoi commence-t-il par l'étude de l'amour ?

8. Selon chacun des passages bibliques suivants, quelles responsabilités avons-nous par rapport à la culture de l'amour ? Sentez-vous libre d'employer des commentaires bibliques portant sur ces passages pour vous aider à répondre aux questions qui vous sont posées.

Jean 15.9,10   Hébreux 10.24
1 Corinthiens 14.1   Jude 21
Éphésiens 5.1,2

9. En quoi avons-nous besoin de la Bible pour comprendre l'amour ? Énumérez autant de raisons que possible.

10. Lisez les passages bibliques portant sur l'amour qui apparaissent dans l'annexe B, puis répondez aux questions suivantes :

   a. Quel passage de l'Ancien Testament vous a interpellé le plus par rapport au merveilleux amour que Dieu porte à son peuple ?

b. À votre avis, quel passage de l'Ancien Testament nous révèle le mieux que Dieu est amour ?

c. Que vous enseigne Romains 13.8 par rapport à votre devoir d'aimer ?

d. Quels passages du Nouveau Testament vous consolent le mieux lorsque vous affrontez de dures épreuves et des tragédies ? Expliquez vos réponses.

e. Si vous deviez choisir comme verset thème de votre vie l'un des passages du Nouveau Testament apparaissant sur la liste de l'annexe B, lequel choisiriez-vous ? Expliquez votre choix.

11. Comment vous y prendriez-vous pour encourager un autre croyant (un membre de votre Église, un membre de votre famille, un ami ou un missionnaire) à se mettre à l'étude de l'amour biblique ?

Priez pour l'amour et enseignez l'amour

1. En quoi est-il nécessaire de prier pour que notre amour chrétien grandisse ? Énumérez autant de raisons que possible.

2. Avant de répondre à la question qui suit, demandez à quelqu'un de lire Éphésiens 3.14-19 à votre groupe. Pourquoi l'auteur insiste-t-il sur l'extrême importance de bien comprendre Éphésiens 3.18,19 pour que notre amour grandisse ?

3. Énumérez autant de raisons que possible pour lesquelles l'amour des chrétiens ne devrait jamais cesser de grandir.

4. Maurice Roberts écrit : « Les meilleurs croyants trouvent leur progression [*dans l'amour*] lente et leurs réalisations médiocres. » Pourquoi avons-nous du mal à approfondir notre amour pour Dieu et notre prochain ?

5. L'auteur dit : « Ces prières inspirées de l'Esprit [1 Th 3.12 ; Ph 1.9 ; Jud 2] sont de merveilleux exemples pour nous-mêmes et les autres. » Comment exprimeriez-vous à votre façon ces prières scripturaires si vous les faisiez pour vous-même, votre famille, votre Église locale et vos missionnaires ? Comment paraphraseriez-vous Éphésiens 3.18,19 si vous en faisiez une prière pour vous-même ?

6. Après avoir lu les quinze descriptions de l'amour qui se trouvent dans 1 Corinthiens 13.4-7, selon vous, quelles sont les deux affirmations négatives au sujet de l'amour qui sont les plus nocives dans les relations au sein d'une Église locale ? Expliquez vos choix.

7. Quelles sont les deux des quinze qualités de l'amour dont vous devriez vous préoccuper le plus afin d'améliorer votre façon d'aimer et votre caractère ? Expliquez vos choix.

8. À votre avis, pourquoi nos relations familiales dans le contexte du foyer fournissent-elles le cadre le plus propice à l'exercice de l'amour chrétien ? Énumérez au moins trois raisons.

9. Afin de cultiver l'amour, il est primordial que vous saisissiez le sens d'Hébreux 10.24,25. Après avoir lu ces versets dans votre bible, répondez aux questions suivantes :

a. Que signifie le verbe « Veillons » ? Quels en sont quelques synonymes ? Pour vous venir en aide, servez-vous de commentaires bibliques ou d'un dictionnaire.

b. Que signifie « nous exciter » ? Quels en sont quelques synonymes ?

c. Qui est censé veiller et s'exciter ainsi ?

d. En quoi le fait de négliger de se retrouver souvent avec la famille de l'Église nuit-il à la croissance de l'amour ?

e. En quoi la vie collective de l'Église locale sert-elle à éprouver et à faire grandir l'amour chrétien ?

f. Énumérez un moyen pratique d'exciter quelqu'un d'autre à mieux aimer.

10. Énumérez quelques passages bibliques qui démontrent que tous les membres d'une Église locale, et non uniquement les leaders, sont responsables d'édifier l'Église en matière d'amour. (Pour obtenir une liste de passages bibliques pertinents, voir les notes de bas de page 47 et 48, à la page 72.) Lequel de ces passages est le plus convaincant dans votre cas ? Expliquez-vous.

11. Expliquez en quoi l'amour chrétien diffère de l'amour humain naturel que tous éprouvent pour leurs amis et leurs proches. En quoi est-il primordial de comprendre cette différence ?

12. De manière à changer les attitudes, les comportements et les œuvres d'une Église, en quoi est-il nécessaire d'enseigner les passages bibliques portant sur les principes divins relatifs à l'amour ?

Servez d'exemple d'amour et préservez l'amour

1. Pourquoi Paul ressentait-il autant le besoin de servir d'exemple en matière de vie chrétienne auprès des gens qu'il venait de conduire au Seigneur ? (Pour obtenir de l'aide, voir 1 Co 4.16,17 ; 11.1 ; Ph 3.1-18 ; 2 Th 3.7-10.)

2. Le roi David sert d'exemple biblique en matière d'amour pour Dieu. David a posé certains gestes qui démontraient son amour total pour Dieu ; précisez ce qu'il a fait. Énumérez plusieurs des gestes que David a posés par amour pour Dieu.

3. Qu'a fait David que vous pouvez faire vous aussi pour démontrer que d'aimer Dieu est une priorité dans votre vie et votre ministère ? Montrez-vous précis et pratique dans vos réponses.

4. En quoi les biographies de chrétiens stimulent-elles les gens à mieux aimer ? Avez-vous déjà lu une biographie chrétienne qui vous a incité à mieux aimer ? Le cas échéant, parlez-en à votre groupe.

5. En quoi importe-t-il que les leaders de l'Église servent d'exemples d'amour ? Énumérez plusieurs raisons.

6. Quelles sont certaines choses précises que les leaders de votre Église peuvent faire pour en influencer l'atmosphère afin que l'amour y grandisse ?

7. Comment pouvez-vous, que vous fassiez partie ou non du leadership de votre Église, en influencer l'atmosphère afin que l'amour y grandisse ? Montrez-vous précis.

8. Pourquoi les parents et les grands-parents sont-ils en mesure d'influencer, plus que quiconque, leurs enfants et leurs petits-enfants afin qu'ils aiment Dieu et leur prochain ?

9. Jésus a demandé à ses disciples : « Demeurez dans mon amour » (Jn 15.9,10). En termes pratiques, comment est-il possible de demeurer dans l'amour de Christ ? Avant de répondre à cette question, veillez à lire ce passage dans l'Évangile selon Jean.

10. Avant de répondre aux questions qui suivent, demandez à quelqu'un de lire Luc 10.38-42 à votre groupe. En quoi ressemblons-nous tous à Marthe ?

11. Selon Jésus, quelle est la « seule chose » qui soit nécessaire dans la vie ? Quelle est « la bonne part » qui, à son avis, ne sera pas ôtée à Marie ?

12. Comment Marie a-t-elle manifesté son amour pour Christ ? Énumérez autant de choses que possible.

13. Que pouvez-vous faire en termes pratiques pour contrer « le syndrome de Marthe » (trop d'activités et de mauvaises priorités) ?

Préservez l'amour et exercez l'amour

1. Nommez certaines des choses qui compromettent votre relation d'amour avec Jésus-Christ dont vous devez toujours être conscient. Pouvez-vous vous remémorer des passages de la Bible qui vous permettent de découvrir ces assassins de l'amour ?

2. Que pouvez-vous faire en termes pratiques pour protéger votre relation d'amour avec Christ ? Parmi les choses que vous avez énumérées, laquelle compte le plus pour vous personnellement ?

3. Que veut dire Oswald Chambers en affirmant que nous devrions « ne donner la priorité à rien d'autre » ?

4. Qu'est-ce qui vous empêche le plus d'aimer les gens comme vous le devriez ? Que pouvez-vous y faire ?

5. Si vous sentez votre amour pour les gens se refroidir, quelles mesures pouvez-vous prendre afin de raviver la flamme de votre amour pour les autres ?

6. Que veut dire Jerry Bridges par « nous devrions nous prêcher l'Évangile chaque jour » ? Que gagneriez-vous à

vous prêcher l'Évangile chaque jour ? (Voir la note de bas de page 68, à la page 95.)

7. Si nous nous contentons de parler de l'amour, sans mettre en pratique les commandements bibliques relatifs à l'amour, quels problèmes créons-nous au sein de l'Église locale ? Énumérez autant de problèmes que possible.

8. Que veut dire James Denny en comptant le « travail acharné » au nombre des « caractéristiques de l'amour » ? (Voir la note de bas de page 70, à la page 98.)

9. Avant de répondre à la question suivante, demandez à quelqu'un de lire Romains 12.9-21 à votre groupe. En vous fondant sur ce passage, énumérez cinq gestes ou attitudes révélant un amour sincère et authentique. Quels sont les deux les plus nécessaires à la croissance de l'amour au sein de votre Église ?

10. Que veut dire Alexander Ross par l'affirmation : « L'amour n'est pas une émotion que nous sommes tenus de manifester de temps à autre, selon nos humeurs » ?

11. Expliquez en quoi l'obéissance aux commandements de Christ relatifs à l'amour conduit à une véritable croissance de l'amour. Expliquez en quoi la désobéissance aux commandements de Christ relatifs à l'amour conduit à une diminution de l'amour.

12. Expliquez brièvement chaque verset ci-dessous et trouvez l'idée commune à tous qui rend possible l'obéissance aux commandements de Christ relatifs à l'amour.

    Romains 5.5   Galates 5.22   Romains 15.30

13. Que diriez-vous à quelqu'un qui se servirait du présent livre (*Aime ou meurs*) pour critiquer d'autres croyants ou les accuser de manquer d'amour ?

Annexe A

Les livres d'Alexander Strauch portant sur l'amour

*L*a lecture de livres portant sur l'amour biblique contribue à remplir d'amour les congrégations chrétiennes et leurs leaders. Nous vous recommandons de considérer les livres qui apparaissent ci-dessous comme un tout, à lire dans l'ordre suivant :

Aime ou meurs : Christ appelle l'Église à se réveiller, Apocalypse 2.4. Ce livre commente Apocalypse 2.4, ce passage de la plus haute importance pour toute Église locale et tout leader chrétien. Il présente également des moyens pratiques de cultiver l'amour de manière individuelle, mais particulièrement au sein de la famille de l'Église locale.

Agape Leadership : Lessons in Spiritual Leadership from the Life of R. C. Chapman vise à donner un exemple de l'amour sans compromis que le Nouveau Testament enseigne aux chrétiens. Ce petit livre de quatre-vingts pages présente des exemples de la manière dont Robert Chapman composait avec des situations difficiles selon les principes bibliques relatifs à l'amour. (Pour obtenir une biographie complète de la vie de Chapman, lire

Robert Chapman : A Biography, de Robert L. Peterson, laquelle
sera bientôt éditée en français.)

Diriger avec amour présente et met en application les
principes bibliques relatifs à l'amour à l'intention de
quiconque dirige ou s'occupe des gens. Il existe également un
guide d'étude pour ce livre.

*Les commandements relatifs à l'hospitalité : Bâtir une
communauté chrétienne aimante, établir un rapprochement avec
nos amis et nos voisins.* L'hospitalité est l'un des moyens les
plus puissants de bâtir une communauté chrétienne aimante,
et elle compte au nombre des commandements bibliques
relatifs à l'amour. Ce livre est étroitement lié à *Diriger avec
amour*. Guide d'étude inclus.

The New Testament Deacon : The Church's Minister of Mercy
est un livre destiné à aider les diacres à comprendre leur rôle
officiel au sein de l'Église, celui de ministres de la bienveillance,
de la miséricorde et des tendres soins destinés aux membres
dans le besoin. La congrégation aimante prend très au sérieux
la nécessité d'entourer ses membres indigents et vulnérables.
Il se pourrait que la lecture de ce livre vous donne le goût de
devenir diacre. Il existe également un guide d'étude pour ce
livre.

Cinquante passages clés portant sur l'amour

isez ces cinquante passages bibliques en prenant le temps de méditer chacun d'eux. Si vous le souhaitez, lisez chaque passage dans votre bible afin de le mettre pleinement en contexte. Prenez tout votre temps ! Dites avec le psalmiste : « Combien j'aime ta loi ! Elle est tout le jour l'objet de ma méditation » (Ps 119.97).

1. Et l'Éternel [...] s'écria : L'Éternel, l'Éternel, Dieu miséricordieux et compatissant, lent à la colère, riche en bonté et en fidélité (Ex 34.6).

2. Tu aimeras ton prochain comme toi-même (Lé 19.18*b*).

3. Tu aimeras l'Éternel, ton Dieu, de tout ton cœur, de toute ton âme et de toute ta force (De 6.5).

4. Ce n'est point parce que vous surpassez en nombre tous les peuples, que l'Éternel s'est attaché à vous et qu'il vous a choisis [...]. Mais, parce que l'Éternel vous aime, parce qu'il a voulu tenir le serment qu'il avait fait à vos pères (De 7.7,8).

5. Et c'est à tes pères seulement que l'Éternel s'est attaché pour les aimer ; et, après eux, c'est leur postérité [...] qu'il a [choisie] (De 10.15).

6. Moi, j'ai confiance en ta bonté (Ps 13.6).

7. [Car] sa miséricorde dure à toujours (Ps 106.1).

8. [Il] les a lui-même rachetés, dans son amour et sa miséricorde (És 63.9).

9. Je t'aime d'un amour éternel ; c'est pourquoi je te conserve ma bonté (Jé 31.3).

10. L'Éternel me dit [Osée] : Va encore, et aime une femme aimée d'un amant, et adultère ; aime-la comme l'Éternel aime les enfants d'Israël, qui se tournent vers d'autres dieux (Os 3.1).

11. [J'aurai] pour eux [Israël] un amour sincère (Os 14.4).

12. Aimez vos ennemis (Mt 5.44).

13. Tu aimeras le Seigneur, ton Dieu, de tout ton cœur [...]. C'est le premier et le plus grand commandement. Et voici le second, qui lui est semblable : Tu aimeras ton prochain comme toi-même. De ces deux commandements dépendent toute la loi et les prophètes (Mt 22.37-40).

14. Car Dieu a tant aimé le monde qu'il a donné son Fils unique (Jn 3.16a).

15. Le Père aime le Fils (Jn 3.35).

16. Si vous m'aimez, gardez mes commandements (Jn 14.15).

17. [Que] le monde sache que [moi, le Fils] j'aime le Père (Jn 14.31).

18. Si vous gardez mes commandements, vous demeurerez dans mon amour, de même que j'ai gardé les commandements de mon Père, et que je demeure dans son amour (Jn 15.10).

19. Comme le Père m'a aimé, je vous ai aussi aimés. Demeurez dans mon amour (Jn 15.9).

20. Qui nous séparera de l'amour de Christ ? [...] *[Aucune]* autre créature ne pourra nous séparer de l'amour de Dieu manifesté en Jésus-Christ notre Seigneur (Ro 8.35,39).

21. Que l'amour soit sans hypocrisie (Ro 12.9).

22. Ne devez rien à personne, si ce n'est de vous aimer les uns les autres (Ro 13.8).

23. *[L'amour]* est donc l'accomplissement de la loi (Ro 13.10).

24. La connaissance enfle, mais l'amour édifie (1 Co 8.1).

25. Et je vais encore vous montrer une voie par excellence (1 Co 12.31).

26. Et quand j'aurais [...] la science de tous les mystères et toute la connaissance [...] si je n'ai pas l'amour, je ne suis rien (1 Co 13.2).

27. *[La]* plus grande de ces choses, c'est l'amour (1 Co 13.13).

28. Recherchez l'amour (1 Co 14.1).

29. Que tout ce que vous faites se fasse avec amour ! (1 Co 16.14.)

30. Car l'amour de Christ nous presse [...], afin que ceux qui vivent ne vivent plus pour eux-mêmes, mais pour celui qui est mort et ressuscité pour eux (2 Co 5.14,15).

31. Mais le fruit de l'Esprit, c'est l'amour (Ga 5.22).

32. Mais Dieu [...] à cause du grand amour dont il nous a aimés [...] nous a rendus vivants avec Christ (Ép 2.4).

33. *[Et]* connaître l'amour de Christ, qui surpasse toute connaissance (Ép 3.19).

34. *[Et]* marchez dans l'amour, à l'exemple de Christ, qui nous a aimés, et qui s'est livré lui-même à Dieu pour nous (Ép 5.2).

35. Et ce que je demande dans mes prières, c'est que votre amour augmente de plus en plus (Ph 1.9).

36. Mais par-dessus toutes ces choses, revêtez-vous de l'amour, qui est le lien de la perfection (Col 3.14).

37. Et que le Seigneur fasse croître et abonder l'amour que vous avez les uns pour les autres, et pour tous, à l'exemple de celui que nous avons pour vous (1 Th 3.12).

38. Le but de cette recommandation, c'est un amour venant d'un cœur pur (1 Ti 1.5).

39. Veillons les uns sur les autres, pour nous exciter à l'amour et aux bonnes œuvres (Hé 10.24).

40. *[Aimez]*-vous ardemment les uns les autres, de tout votre cœur (1 Pi 1.22).

41. Avant tout, ayez les uns pour les autres un ardent amour, car l'amour couvre une multitude de péchés (1 Pi 4.8).

42. Celui qui n'aime pas demeure dans la mort (1 Jn 3.14).

43. Nous avons connu l'amour, en ce qu'il a donné sa vie pour nous (1 Jn 3.16).

44. Petits enfants, n'aimons pas en paroles et avec la langue, mais en actions et avec vérité (1 Jn 3.18).

45. Bien aimés, aimons-nous les uns les autres ; car l'amour est de Dieu, et quiconque aime est né de Dieu et connaît Dieu (1 Jn 4.7).

46. Dieu est amour (1 Jn 4.8).

47. Et cet amour consiste, non point en ce que nous avons aimé Dieu, mais en ce qu'il nous a aimés et a envoyé son Fils comme victime expiatoire pour nos péchés (1 Jn 4.10).

48. Pour nous, nous l'aimons, parce qu'il nous a aimés le premier (1 Jn 4.19).

49. *[Maintenez]*-vous dans l'amour de Dieu (Jud 21).

50. À celui qui nous aime, qui nous a délivrés de nos péchés par son sang (Ap 1.5).

Index général des noms

Index des références bibliques

Au sujet de l'auteur

*D*epuis quarante ans, Alexander Strauch sert Dieu comme ancien et enseignant à la Littleton Bible Chapel à Littleton, au Colorado. De plus, il a enseigné la philosophie et la littérature néotestamentaire à la Colorado Christian University. Enseignant de la Bible doué et conférencier prisé, Alexander Strauch est venu en aide à des milliers d'Églises partout dans le monde par ses commentaires bibliques et son ministère de prédication. Il est l'auteur de plus d'une dizaine de livres, y compris *Les anciens : Qu'en dit la Bible ?* qui s'est vendu à plus de 250 000 exemplaires. Les livres d'Alexander Strauch sont traduits dans plus de vingt langues.

Alexander et sa femme, Marilyn, résident à Littleton, au Colorado, près de leurs quatre filles adultes et de leurs huit petits-enfants.

Pour en savoir plus au sujet d'Alexander Strauch, ainsi que de ses livres et de ses messages audio, communiquez avec la maison Lewis and Roth Publishers en composant le numéro 800-477-3239 ou en visitant le site Web www.lewisandroth.org. Si vous téléphonez depuis l'extérieur des États-Unis, veuillez composer le 719-494-1800.

Remerciements

*B*eaucoup de nos amis ont contribué à la concrétisation du présent livre, des amis qui aiment le Seigneur et son peuple.

Je tiens à souligner la contribution de Douglas VanSchooneveld pour ses suggestions pertinentes et tout le temps qu'il a passé à vérifier les sources et les citations, ainsi qu'à documenter les notes de bas de page. Sa passion pour le sujet de l'amour chrétien excède la mienne.

Je remercie tout spécialement mes éditrices, Amanda Sorenson et Shannon Wingrove. Je me plais à travailler avec elles et leurs recommandations créatives me sont des plus précieuses. Merci également à Paul et Laura Lundgren pour leur aide en dactylographie et leurs excellentes suggestions.

De plus, j'aimerais remercier Barbara Peek, qui a relu le manuscrit final ; Jani Bennett, qui a fait la mise en page du livre ; David MacLeod, qui a vérifié les notes de bas de page ; et Jay Brady, qui m'a aidé de toutes sortes de manières pratiques.

Je suis reconnaissant envers Danny et Paola Pasquale pour le temps et les efforts qu'ils ont consacrés à la vérification de toutes les questions de l'étude tandis qu'ils étaient en congé sabbatique de leur travail en Italie.

Et, comme toujours, j'aimerais exprimer toute ma gratitude à Marilyn, ma bien-aimée et mon principal appui dans la vie et le ministère.

À tous mes précieux amis et compagnons d'œuvre, et à tous les lecteurs du présent livre : « Que la grâce soit avec tous ceux qui aiment notre Seigneur Jésus-Christ d'un amour inaltérable ! » (Ép 6.24.)

« **Publications Chrétiennes inc.** » est une maison d'édition québécoise fondée en 1958. Sa mission est d'éditer ou de diffuser la Bible ainsi que des livres et brochures qui en exposent l'enseignement, qui en démontrent l'actualité et la pertinence et qui encouragent la croissance spirituelle en Jésus-Christ.

PUBLICATIONS
C H R É T I E N N E S

Pour notre catalogue complet :
www.publicationschretiennes.com

Publications Chrétiennes inc.
230, rue Lupien, Trois-Rivières (Québec) G8T 6W4
Tél. (sans frais) : 1 866 378-4023, Téléc. : 819 378-4061
commandes@pubchret.org

www.ingramcontent.com/pod-product-compliance
Lightning Source LLC
LaVergne TN
LVHW051127080426

835510LV00018B/2275